CARTOON
& SATIRE

HEYNE
BÜCHER

›Voll aufgedreht!‹, Philip Zec, DAILY MIRROR, 1940

Das Dritte Reich in der Karikatur

Deutsche Erstveröffentlichung

WILHELM HEYNE VERLAG
MÜNCHEN

HEYNE-BUCH Nr. 35/45
im Wilhelm Heyne Verlag, München

Aus dem Englischen übersetzt von Ursula Tavener-Kappel

Titel der englischen Originalausgabe
HECKLING HITLER – Caricatures of the Third Reich
von Zbyněk Zeman

First published in Great Britain by Orbis Publishing Ltd., London 1984

Printed in Germany 1984
Umschlagzeichnung: ›Schnitter Tod‹, Georges,
veröffentlicht am 5. April 1933 in ›The Nation‹
Umschlaggestaltung: Atelier Ingrid Schütz, München
Gesamtherstellung: Presse-Druck Augsburg

ISBN 3-453-35639-X

Inhalt

›Schnitter Tod‹, Georges, THE NATION, 5. April 1933

Einleitung

Die Kunst der Karikatur gedeiht nur an bestimmten Orten und zu bestimmten Zeiten; gewöhnlich dann, wenn die politische oder gesellschaftliche Lage gespannt ist. Karikaturisten können jedoch nur in den Ländern ihr Bestes leisten, wo die Regierung genügend Selbstvertrauen hat, sie nicht durch Gesetze oder Zensur daran hindert, sich von Künstlern der Lächerlichkeit und dem Spott preisgeben zu lassen. Natürlich konnten und können Karikaturisten ihre Opfer auch vom Ausland her aufs Korn nehmen, ohne daß diese sich wehren könnten: diese Tradition hat ihren Ursprung in der Reformationszeit, als Cranach den Papst attackierte. Aber gewöhnlich bilden in Europa die sozialen Bedingungen, das gesellschaftliche Leben und die Politik des eigenen Landes einen guten Nährboden für Karikatur, und dies bewirkt, daß sie auch von der breiten Öffentlichkeit verstanden wird, vor allem seit sie durch die Erfindung der Druckerpresse jedermann leicht zugänglich ist. Karikaturisten hatten kaum jemals Schwierigkeiten, von ihrem Publikum verstanden zu werden. Die Kunst, die Herrschenden auf humoristisch-witzige Art zu schmähen und soziale und gesellschaftliche Gegebenheiten, für die diese verantwortlich waren, zu verspotten, erreichte in England im achtzehnten, in Frankreich im neunzehnten und in Deutschland im zwanzigsten Jahrhundert ihren Höhepunkt.

Karikatur hat eine sehr lange Tradition. Auf einem Papyrus aus der Zeit der achtzehnten Dynastie sind Tiere dargestellt, die wie Menschen handeln, die menschlichen Tätigkeiten werden dadurch lächerlich gemacht. Karikaturistisches läßt sich in Hinduzeichnungen, auf den Wänden von Pompeji oder auf griechischen Vasen entdecken; und komisch-satirische Elemente kann man sogar in mittelalterlichen Meßbüchern und in der sakralen Baukunst, zum Beispiel bei der Gestaltung der Wasserspeier von Kathedralen finden.

›Frieden – eine Idylle‹, Honoré Daumier, LE CHARIVARI, 1871 (oben) und ›Der letzte Tanz‹, französisch, 1944 (unten)

Das mittelalterliche Thema des Totentanzes: Die strenge, düstere Zeichnung von Honoré Daumier zu diesem Thema als Kontrast zu dem leichter verständlichen, aber auch zeitgebundeneren Cartoon, der 1944, kurz nach der Befreiung von Paris, veröffentlicht wurde. Er zeigt Pierre Laval, den französischen Premierminister und Kollaborateur, der Hitlers Tanz auf dem Akkordeon begleitet.

Die bildhafte Darstellung menschlicher Schwächen spielte allerdings oft nur eine untergeordnete Rolle in der Kunst, und zunächst waren es nur Außenseiter der Gesellschaft, Sklaven, Verbrecher, Schmarotzer und anderes niedriges Volk, die der Lächerlichkeit preisgegeben wurden; dabei wurden in der Regel nicht Individuen, sondern Typen dargestellt. Pieter Breughel der Ältere (1525–1569) führte diese Tradition weiter: Seine Szenen aus dem ländlichen Leben illustrieren menschliche Laster, ohne jedoch einzelne Personen boshaft zu verspotten. Ärzte, Rechtsgelehrte und andere Bessersituierte wurden seit dem Ende des Mittelalters karikiert: ›Der Totentanz‹, in dem Sünder aus allen Gesellschaftsschichten gezeigt werden, nahm die moderne Satire vorweg.

Während der Reformationszeit begann man, Karikatur für propagandistische Zwecke auszunützen: auf Luthers Verlangen wurde der Papst in Lukas Cranachs Holzschnitten erbarmungslos bloßgestellt. Hier finden wir den Ursprung moderner ›bildlicher Verleumdung‹[1] – grobe Attacken auf den Gegner, die propagandistisch ausgeschlachtet werden.

Die Karikatur, die im frühen sechzehnten Jahrhundert für religiöse oder politische Propaganda gebraucht wurde, hatte mit der harmlosen Art der Verspottung, wie sie z. B. von Breughel noch geübt wurde, nicht mehr viel gemeinsam; das Ziel der Künstler war es nun, ihre Opfer gewissermaßen charakterlich zu erledigen. Im selben Jahrhundert entwickelte sich jedoch auch die Porträtkarikatur, die boshaft sein konnte, ohne gemein zu sein: Sie verzerrte, indem sie charakteristische Züge der dargestellten Person übertrieb. Annibale Carracci (1560–1609), besser bekannt als Meister der akademischen Idealmalerei, entwickelte die Karikatur und wurde ihr Hauptvertreter. Carracci soll gesagt haben:

> Ist nicht die Aufgabe des Karikaturisten genau dieselbe wie die des konventionellen Künstlers? Beide sehen die unvergängliche Wahrheit unter der Oberfläche rein äußerlicher Erscheinung. Beide versuchen, der Natur bei der Erfüllung ihrer Aufgaben zu helfen. Der eine mag sich anstrengen, sich die perfekte Form vorzustellen und diese in seinem Werk zu verwirklichen, der andere versucht, die perfekte Deformation zu erfassen und so das Wesentliche einer Persönlichkeit zu enthüllen. Eine gute Karikatur ist wie jedes Kunstwerk wirklicher als die Wirklichkeit selbst.[2]

›Der Verteidiger von Paris‹, Abel Pann, September 1914 (oben) und ›Eine Kröte auf Brautwerbung‹, Philip Zec, DAILY MIRROR, 30. Oktober 1941 (unten)

Fabeldichter und Karikaturisten benutzen Tiere, um menschliche Eigenschaften darzustellen: Der Igel – General Gallieri – verteidigte 1914 Paris, während der ersten Schlacht an der Marne.
Pierre Laval wurde als Kröte dargestellt: Laval versuchte sich noch mehr an Hitlerdeutschland anzunähern.

Die Renaissance hatte in der Kunst eine Phase des Experimentierens eingeleitet. Leonardo da Vinci (1452–1519) zeichnete groteske, häßliche Köpfe; am Hofe Rudolfs II. in Prag malte Arcimbaldo frappierende Portraits, die gänzlich aus Früchten und Gemüse zusammengesetzt waren. Keiner der beiden Künstler hatte dabei satirische Absichten, aber solche Experimente halfen anderen Künstlern, zu entdecken, daß getreue Wiedergabe verfälschend wirken konnte, und deshalb versucht der wirkliche Karikaturist, die wesentlichen Eigenschaften seines Sujets zu treffen und lächerlich zu machen, indem er sich auf diese konzentriert. Sein Augenmerk gilt charakteristischen Zügen oder einem typischen Gesichtsausdruck, seine Technik ist Ökonomie in der Linienführung. In der Karikatur halten sich Bosheit und Humor das Gleichgewicht, sie bietet dem Betrachter die Möglichkeit, ein Gesicht von einem neuen Standpunkt aus zu sehen. Ihre Entsprechungen sind Nachäffen, Veralbern und possenhaftes Nachahmen. Freud sagt, ein Nebeneffekt von Witzen sei, daß sie Aggressionen und unterdrückte Emotionen aufheben könnten. Wenn Karikaturisten also die Freiheit haben, Personen, die in der Gesellschaft eine mächtige Position einnehmen, anzugreifen, dann sagen sie ihnen die Meinung und machen sie dadurch menschlich. Die Distanz zwischen dem Betrachter und dem Gegenstand der Karikatur wird so verringert und Spannung zwischen ihnen aufgehoben.

Als die Karikatur im achtzehnten Jahrhundert in England populär wurde, beschrieb sie William Hogarth (1697–1764) als einen mehr oder weniger geistreichen Scherz. Hogarth selbst sagte, daß sein Werk mit Karikatur nichts gemein habe, denn er strebe nicht nach witzigen Vergleichen von Unvergleichbarem, sondern er wolle den Charakter enthüllen. Aber Hogarth und seine Kunst – die Serien *The Rake's Progress* und *The Four Stages of Cruelty* sind vermutlich die bekanntesten Beispiele – gaben der Karikatur neue Anstöße. James Gillray (1757–1815) wurde, indem er Politiker mit knappen Strichen treffend charakterisierte, vermutlich zum ersten Karikaturisten im modernen Sinne; er war ein Meister der satirischen Darstellung, von seinen Zeichnungen von Pitt, Fox, Sheridan oder Napoleon geht noch heute genau dieselbe Wirkung aus wie seinerzeit. Beide, Hogarth und Gillray, arbeiteten nach ähnlichen Grundsätzen wie Pieter Breughel bei seinen Kupferstichen von 1563, *The Dinner of the Poor* und *The Dinner of the Rich.* Sie stellten soziale und politische Konflikte in den

Mittelpunkt und legten die Grundregeln für moralisch-didaktische Satire fest.

Im Frankreich des neunzehnten Jahrhunderts wurden in der Karikatur ähnliche Techniken angewandt wie im England des achtzehnten Jahrhunderts, aber nun fand sie Eingang in Zeitschriften mit hoher Auflage. Aufgrund der dadurch entstandenen Unmittelbarkeit konnte die Karikatur aktueller sein und ein weitaus größeres Publikum ansprechen als je zuvor. Im Jahre 1830 gründete Charles Phillipon eine humoristische Wochenzeitschrift, LA CARICATURE, und später eine Tageszeitung, LE CHARIVARI. Dies waren die Urahnen aller satirischen Zeitschriften, und die bekanntesten Künstler in Paris arbeiteten für sie. Honoré Daumier führte Gesellschaftssatire mit eindeutig modernem Charakter ein: Er schuf mehrere Typen – Robert Macaire zum Beispiel, einen korrupten Spekulanten von wahrhaft diabolischer Dimension –, die die Sozialstruktur der zeitgenössischen Gesellschaft auf witzige Weise hinterfragten. Daumier und Doré, Grandville und Gavarni sowie fast alle Meister der Karikatur arbeiteten für Phillipons Zeitschriften.

Als 1842 in London die Zeitschrift PUNCH gegründet wurde, hatte in England eine Wende stattgefunden: die ›Ungeschliffenheit‹ des achtzehnten Jahrhunderts wurde abgelehnt. Karikatur »trug Glacéhandschuhe und parfümierte sich die Brust mit Lavendel«.[3] Cartoons, wie zum Beispiel von John Lush und John Tenniel, waren jetzt zahm, respektvoll - neue Gesetze, die Verleumdung unter Strafe stellten, mögen dazu beigetragen haben, daß die Künstler vorsichtiger wurden. Aus bissigen Karikaturen wurden harmlose Witzzeichnungen, aus satirischen Kommentaren humorvolle Reportagen. Als David Low, ein Neuseeländer, der in Australien gearbeitet hatte, 1919 nach London kam, schockierte er mit seiner Direktheit das Publikum, das mehr an Witzzeichnungen als an beißende politische Satire gewohnt war.

Low kommentierte die englische Karikatur, wie er sie in den zwanziger Jahren vorfand, folgendermaßen:

Australischer Witz und Humor hatte, obwohl er von englischen Formen geprägt war, neben unserer einheimischen Schroffheit auch eine Spur amerikanischer Cleverneß. Die Engländer schätzten jedoch ganz offensichtlich mehr den Humor als den Witz. Witz war eher ein Zeitvertreib für Intellektuelle, reduziert auf mehr oder weniger obskure oder esoterische Anspielungen und Assoziationen. 1920 gab es das Radio noch nicht, und Hollywood war noch jung; und die britischen Massen amüsierten sich hauptsächlich über ihre eigenen, einheimischen Scherze, über Farcen und volkstümliche Komödien, die noch nicht von amerikanischen Importen beeinflußt waren. Die Tradition war noch deutlich daran zu erkennen, daß Witze über Betrunkene, gewisse Körperteile, Schwiegermütter und so weiter erzählt wurden, auch wenn sie nicht mehr als angemessen galten, und sie zeigte sich in der Vorliebe für Wortspiele, für endlose Wiederholungen und für komische Typen. In bezug auf die Kunst der Karikatur hatte jedoch eine Weiterentwicklung stattgefunden; sie hatte sich im Vergleich zu früher sehr verändert. Als man das Jahr 1920 schrieb, war der ursprüngliche, zotige und derbe Spaß der alten Meister auf diesem Gebiet, Gillray und Rowlandson, beträchtlich verwässert worden. Lush, Doyle, Tenniel, Sambourne und Partridge hatten die rauhen Stellen geglättet und in der politischen Karikatur Würde und Schicklichkeit an die Stelle von Kraft und Stärke gesetzt, so daß niemand mehr – wenn überhaupt – aus dem Bauch heraus lachte, sondern nur noch den Mund zu einem Lächeln verzog. Die Tatsache, daß die Karikaturen nicht mehr allein in Zeitschriften, sondern in Tageszeitungen erschienen, bewirkte, daß sie in vieler Hinsicht noch eingeschränkter, noch kraftloser wurde. Satire wurde als zu vulgär für das gewöhnliche Volk auf ein Seitengleis abgeschoben, an ihre Stelle traten alberne Witzeleien und Neckereien.

Als in den frühen zwanziger Jahren Hitler und seine Anhänger in den Bierkellern und Straßen von München zum ersten Mal in Erscheinung traten, war die Kunst der Karikatur in Deutschland schon völlig etabliert. Ihre Entwicklung hatte sich vielleicht etwas langsamer vollzogen als in Frankreich oder England, denn sie hatte größere Hindernisse zu bewältigen gehabt. Eine Barriere bildeten die vielen verschiedenen Dialekte; sie machten die Kommunikation zwischen den Deutschen schwierig. In der Tat war die Art von Humor, die es gab, nicht nur an einen Dialekt gebunden, der Dialekt war sogar sein Medium: Humor war also an seinen Ursprungsort gebunden und deshalb anderswo schwer verständlich.

Auch hatten die Deutschen in bezug auf das Komische keine nennenswerte literarische Tradition. Im SIMPLICIUS SIMPLICISSIMUS, der im siebzehnten Jahrhundert während des Dreißigjährigen Krieges entstand, findet sich gelegentlich Humorvolles.

Die Deutschen hatten keinen Villon, Cervantes, Twain oder Hašek; ihre Dramatiker hatten nicht Shakespeares Gespür für Komik. Friedrich Schiller forderte in einem Aufsatz mit dem Titel *Die*

Schaubühne als eine moralische Anstalt betrachtet (1784) eine durchgehend ernsthafte Handlung, die nicht durch komödienhafte Elemente aufgelockert werden durfte. Die Werke von Wilhelm Busch und Hans-Christian Morgenstern mit dem scharfen Blick für menschliche Schwächen, wurden der Kleinkunst zugerechnet. Größe, Ernsthaftigkeit und tragisches Gefühl wurden gewissermaßen als Synonyme aufgefaßt, oder man nahm zumindest an, daß sie eng zusammengehörten.

Es ist nicht überraschend, daß die Deutschen sich im Ausland den Ruf erwarben, humorlos zu sein. Ihre Philosophen, von Herder angefangen, beschäftigten sich viel mit nationalen Eigenschaften und wollten nicht zugestehen, daß es in jeder Nation eine Vielzahl unterschiedlicher Charaktere gibt; Humorlosigkeit war eines der Etiketten, das an den Deutschen hängenblieb. Preußen und die Hohenzollern hatten sich während des neunzehnten Jahrhunderts den Ruf erworben, starr und pompös zu sein, aber selbst in Preußen gab es

die Enklave der Berliner, die ihren eigenen städtischen Sinn für das Lächerliche entwickelt hatten; doch auch ihr Witz war wieder eng an den Berliner Dialekt gebunden. Humorlosigkeit mag nun eine typisch preußische Eigenschaft gewesen sein, aber sehr viel weniger schon eine Eigenschaft der Rheinländer oder Bayern. Es war Hitlers Pech, daß er und seine Bewegung München zum Ausgangspunkt hatten, aber für die Kunst der Karikatur war dieses zufällige Zusammentreffen ein Glück.

Hitler, seine Partei und sein Staat gaben Anlaß zu Satire und vielen politischen Witzen. Die Zeit, der Ort und auch der Gegenstand waren richtig. Hitler und die Nazis lieferten den Künstlern eine große, deutlich sichtbare Angriffsfläche. Die Attacke auf sie ging zunächst, in den frühen zwanziger Jahren, von Deutschland aus, genauer gesagt, von München. Nach 1933 mußte Hitlers Regime ernstgenommen werden, seine Regierung war weder selbstbewußt noch tolerant genug, zuzulassen, daß sie von Personen, die in ihrem Machtbereich

Aus L'HEURE, 1937 (rechts) und ›Die apokalyptischen Reiter von 1938‹, Vaughn Shoemaker, CHICAGO DAILY NEWS, 1938 (links)

Der personifizierte Globus, der in seinen mit Handschellen gefesselten Händen einen Olivenzweig hält, erwartet den Tod durch Hitlers Axt, da dessen kriegerische Absichten immer offenbarer werden. Dieser französische Cartoon handelt vom gleichen Thema wie die amerikanische Zeichnung mit dem Titel ›Die apokalyptischen Reiter von 1938‹. Einer trägt das Hakenkreuz auf der Brust und sie sind gepolstert wie amerikanische Fußballspieler. Mit dem Erdball gehen sie genauso aggressiv um wie Fußballspieler beim Angriff.

lebten, lächerlich gemacht oder verspottet wurde. Der Schwerpunkt der Attacke verlagerte sich deshalb ins Ausland, und tatsächlich wußte man dort, um 1933, über Hitler und sein Regime ausreichend Bescheid, um diese Attacken wirkungsvoll zu machen.

Die Weimarer Republik war für Satiriker und politische Karikaturisten ebenfalls eine fruchtbare Zeit gewesen. Im Ersten Weltkrieg hatten die preußischen militärischen Tugenden die in sie gesetzten Erwartungen nicht erfüllt. Eine Alternative zur militärischen Stärke Preußens, die unter Bismarck noch die Deutschen einte, mußte

›Die Bestie ist los‹, Jean Veber, 1914

Die Bestie von 1914 zeigt ebensoviel aggressive Energie wie die apokalyptischen Reiter von 1938. Von dem älteren Cartoon geht eine stärkere Wirkung aus, vermutlich weil angedeutet wird, wen die Bestie angreift.

gefunden werden. Die Weimarer Republik experimentierte mit republikanischer Demokratie und Sozialismus: eine Zeit der Experimente, die von Hitler beendet wurde. In gewisser Hinsicht wurde durch die Frivolität der Weimarer Zeit und durch die damals vollbrachten artistischen Leistungen der Ernst des Krieges und die Niederlage fast aufgehoben. Der Krieg und seine Nachwirkungen verschlimmerten aber auch die politischen und sozialen Spannungen, die sich in der Vorkriegszeit aufgestaut hatten.

Ähnlich zu William Hogarths England des achtzehnten Jahrhunderts oder Daumiers Frankreich des neunzehnten Jahrhunderts bot das Wilhelminische und das Deutschland nach dem Ersten Weltkrieg ein reiches Feld für soziale Satire. Die industrielle Revolution hatte nach der Gründung des Deutschen Reiches im Jahre 1870 vielleicht etwas abrupter, schneller und intensiver eingesetzt als sonstwo in Europa. In sozialer, religiöser und politischer Hinsicht völlig verschiedenartige Teile der Nation bildeten nun ein Reich. In dem Vierteljahrhundert vor Ausbruch des Krieges hatte sich das deutsche Bruttosozialprodukt mehr als verdoppelt, die Stahlproduktion übertraf die englische, und der Prozentsatz der Deutschen, die über ein versteuerbares Einkommen verfügten, stieg von 30 auf 60 an. Deutschland wurde zu einem Land der krassen Gegensätze, in dem politische und soziale Wirklichkeit noch weit auseinanderklafften, und dies wurde nicht durch Tradition oder Gewohnheit verschleiert. Der Krieg machte riesige neue industrielle und militärische Organisationsformen nötig, die den Wert des Individuums verringerten. Modernität existierte unmittelbar neben Anachronismen, feudale Elemente neben progressiven sozialen Maßnahmen und industrielle Höchstleistungen neben ländlicher Rückständigkeit. Ein deutscher Historiker schrieb über die Zeit vor Ausbruch des Ersten Weltkrieges:

»Der gleichwohl anachronistische Ausdruck im Gesamtbild des kaiserlichen Deutschland stammt denn auch aus anderen Erscheinungen als den ökonomischen, und auch nicht so sehr aus den unübersehbar feudalen Strukturen. Über diesem geschäftigen, scheinbar so zukunftsbewußten Lande, seinen wachsenden Großstädten und Industrierevieren, wölbte sich vielmehr ein eigentümlich romantischer Himmel, dessen Dunkel von mythischen Gestalten, altertümlichen Riesen und Göttervolk, behaust war: Deutschlands Verspätungen waren vor allem ideologischer Natur.«[5]

›Die Kommunisten fallen und die Devisen steigen‹, George Grosz, aus ›Gott mit uns‹, 1919 (links); ›Querschnitt‹, George Grosz, aus ›Ecce Homo‹, 1920 (rechts) und ›Er heißt Hermann‹, Bert (Seite 21)

Die Brutalität und das Durcheinander in Deutschland nach dem Ersten Weltkrieg spiegeln sich trefflich in George Grosz' Zeichnungen wider. Beachten Sie die kleine uniformierte Gestalt, die einen Helm mit Hakenkreuz trägt und etwas abseits, am rechten Rand von ›Querschnitt‹ wartet. ›Die Kommunisten fallen und die Devisen steigen‹ bezieht sich auf die Woche vom 10.–17. Januar 1919, als reguläre und Freikorpstruppen die kommunistischen Spartakisten, die den kaiserlichen Palast in Berlin besetzt hatten, niederschlugen. Berts Karikatur von Göring spielt auf sein volkstümliches Image an.

FRITZ KIEL
HOTEL
HB
21
PLATIN
& Co

Das katholische Bayern bildete zu dem neuen, rücksichtslos eine Vormachtsstellung anstrebenden Deutschland, dessen Hauptstadt Berlin eben dabei war, eine Welthauptstadt zu werden, zum protestantischen Preußen und dem Norden einen Gegenpol. Das ehemals königliche München fügte sich ohne Umstände in die Rolle einer Provinzhauptstadt, behielt jedoch gleichzeitig einige Vorteile bei. Die Bewohner Münchens hatten verhältnismäßig viele Freiheiten, exzentrisches Verhalten wurde relativ gelassen akzeptiert. So entstand eine große Künstlerkolonie, wozu auch liberale Aufenthaltsgesetze für Ausländer beitrugen – auch dies ein krasser Gegensatz zu Preußen. Der SIMPLICISSIMUS, die führende satirische Zeitschrift, konnte nur in München entstehen und gedeihen; viele ihrer talentiertesten Mitarbeiter stammten aus der ortsansässigen Künstlerkolonie. Genau am richtigen Tag, nämlich am 1. April 1896, luden Albert Langen, der Verleger, und Thomas Theodor Heine, der Künstler, potentielle Mitarbeiter zu einem Abendessen im Mathäserbräu, einem gemütlichen Münchener Lokal. Der SIMPLICISSIMUS, eine Wochenschrift in Farbe (Preis 10 Pfennig), erschien kurz darauf und erwarb sich sehr schnell den Ruf, die aufgeblasene und widersprüchliche Gesellschaft gekonnt zu verhöhnen und zu verspotten. Die ersten und besten Cartoons über Hitler und seine Bewegung erschienen im SIMPLICISSIMUS.

Künstler von Rang hatten mit dem Angriff auf Hitler und seine Gefolgsleute schon früh begonnen. Die Maler George Grosz und Josef Čapek waren darunter; Künstler wie Paul Weber oder Thomas Theodor Heine gehörten dazu, und ein Künstler, dessen Werk sich nicht bekannten Kategorien zuordnen ließ: John Heartfield. Sie schauten sich ihr ›Opfer‹ länger und gründlicher an. Indem sie die Nazibewegung in ihre Bestandteile zerlegten, gelangen ihnen Arbeiten, deren Aussage weit über den mitteleuropäischen Schauplatz hinaus Gültigkeit besaß. Obwohl sie spezifische Ereignisse darstellten, waren ihre Karikaturen zugleich Kommentare zu allgemeinen Themen wie Leben und Tod, Krieg und Frieden, Sinn und Wahnsinn.

Nun hätte es jedoch sein können, daß die Karikaturen heute nicht mehr verständlich oder zumindest schwer zu entschlüsseln wären. Dies ist jedoch nicht der Fall, denn es zeigte sich, daß einige der Werke von hoher und dauerhafter Qualität sind. Der Grund dafür liegt darin, daß die Zeichner einen enormen Erfindungsreichtum an den Tag legten und daß sie ihre Kunst, das graphische Gewerbe, meisterhaft beherrschten. Als laufender Kommentar zu Hitler, seiner Bewegung und seinem Staat, war die Arbeit der großen Karikaturisten durchdacht, oft höchst scharfsinnig und einflußreich. Karikatur trug dazu bei, den Reaktionen auf Hitler und seine Taten eine Gestalt zu geben, und ihre Wirkung auf die Geschichtsschreibung dieser Epoche ist nicht zu unterschätzen.

Es ist einfacher, zu untersuchen, ob in den Cartoons das Naziphänomen genau erkannt und wiedergegeben wird, als festzustellen, welche Wirkung sie auf das Publikum hatten. Die große Zahl von Cartoons trug jedoch sicher mit dazu bei, daß in Europa und vor allem in Amerika eine breite Front gegen Hitler entstand. Nach der Machtergreifung konnten in Deutschland natürlich keine kritisch-satirischen Karikaturen mehr erscheinen. Viele der bekannten Zeichner flohen zunächst nach Prag.

›Das Einkopfgericht‹, Bert, 1934 (oben); ›Die nordische Rasse vermehren‹, František Bidlo, 1937 (unten) und ›Die Nibelungentreue‹, Bert, 1936 (rechts)

Die Ausstellung antifaschistischer Karikaturen in Prag im April und Mai 1934 zeigte das verbrecherische Wesen von Hitlers Regime und fing zugleich den wahren Charakter der Naziführer ein. Aber bis damals schien das Wissen darum auf Mitteleuropa beschränkt gewesen zu sein: der Rest der Welt, auch Westeuropa, hatte zum größten Teil noch keine Ahnung von der nazistischen Gefahr. ›Kein schön'rer Tod ist auf der Welt, als wer vom Freund erschlagen‹: Die Bildunterschrift zu ›Die Nibelungentreue‹ zeigt, wie ein nazistischer Bewunderer von Wagner Ernst Röhms Begräbnis ausgerichtet hätte; Berts ›Einkopfgericht‹ ist ein Wortspiel zu ›Eintopfgericht‹; Eintopf gab es oft auf Versammlungen, bei denen für die Nazis Geld gesammelt wurde.

Im Mai 1934 fand in Prag die erste Ausstellung antifaschistischer Karikaturen statt. Sie enthielt Werke von deutschen Künstlern, von denen viele zum Schweigen gebracht worden waren, die ins Exil gegangen oder eingesperrt worden waren, und eine Anzahl tschechischer Karikaturen. Wenig mehr als ein Jahr nach Hitlers Machtergreifung wurde in dieser Ausstellung das Naziphänomen umfassend und weitgehend richtig dargestellt. Betont wurden die Unmenschlichkeit und die Grausamkeit, die der Hitlerbewegung inhärent waren; die Ausstellung stellte die Rassenpolitik des neuen Staates vollständig und detailliert dar; und die Künstler bewiesen eine genaue Kenntnis der wichtigsten Charaktereigenschaften der Führer des Dritten Reichs – sie nahmen Hitlers Treulosigkeit gegenüber seinen früheren Mitstreitern, Görings Eitelkeit oder Goebbels anmaßende Art und seine hohlen Phrasen aufs Korn. Aber in erster Linie zielte die Ausstellung darauf ab, vor dem Verbrecherischen, das als wesentlicher Bestandteil von Hitlers Regime erkannt wurde, zu warnen. Zu jener Zeit hatte diese Warnung jedoch nur einen begrenzten Erfolg. Einige mögliche Gründe dafür werden auf den Seiten aufgeführt, die von der Emigration deutscher Künstler nach Prag handeln.

Als Hitler am 30. Januar 1933 an die Macht kam und nach seinen ersten außenpolitischen Handlungen wurde die – mit zeichnerischen Mitteln gegen ihn geführte – Kampagne internationaler. Hier tauchen die großen Namen auf: Low in Großbritannien, Fitzpatrick in Amerika, Efimov in Rußland und Hoffmeister im Exil. Für die Zeit zwischen 1935 und 1945 versuchen wir hier, die besten Cartoons zu präsentieren, die wiederum die dazwischenliegenden Jahrzehnte relativ unbeschadet überlebt haben; es sind Karikaturen, die für eine Epoche der europäischen Geschichte stehen.

Die Presse erreichte während der Nazizeit ihren letzten Höhepunkt als Massenmedium. Zwar begann in den dreißiger Jahren der Hörfunk der Presse ihren ersten Platz streitig zu machen, aber durchsetzen konnte er sich erst in den letzten Jahren des Krieges.

Zeitungen sind heute nicht mehr die Quelle der neuesten Nachrichten, und politische Cartoons sind nicht von höchster Qualität, wenn sie sich hauptsächlich mit Hintergrundsmaterial befassen. Karikaturisten konzentrieren sich heutzutage oft auf lokale oder persönliche Themen; größere, internationale Themen werden entweder ignoriert oder mit Samthandschuhen angefaßt. Das Fernsehen hat einige der talentiertesten Künstler und viel von der Aufmerksamkeit des Publikums an sich gezogen. Und da das Fernsehen eher ein beschreibendes als ein analysierendes Medium ist und da die Programme eher das Produkt von Teamarbeit als von einem einzigen Talent sind, hat es keine Form entwickelt, die Nachrichten mit künstlerischer Aussage verbinden würde, welche die zugrundeliegenden politischen und moralischen Trends deutlich machte: eben die Art von Aussagen, wie sie Karikaturisten und Satiriker so oft und so treffend über Nazideutschland gemacht haben.

Zbyněk Zeman

Hitler: Kindheit und Jugend

Schon in seiner Jugend glaubte Hitler, daß er für etwas Höheres bestimmt sei. Er hing seinen Tagträumen nach, verschwendete eine Menge Zeit, verachtete die gewöhnliche Schulbildung und die langweiligen Berufe, denen die gewöhnlichen Menschen nachgingen. Seine Sicht von sich selbst und seine Lebenseinstellung entsprach der romantischen, mitteleuropäischen Vorstellung vom Künstler als jungem Mann. Aus dieser Situation heraus gab es nur zwei Wege: Ruhm oder Tod.

Möglicherweise erklärt Hitlers frühes Scheitern als Künstler, warum er immer wieder Selbstbestätigung brauchte. Im Oktober 1907, mit achtzehn Jahren und einer nichtabgeschlossenen Schulbildung (was eher auf mangelhafte Selbstdisziplin als auf mangelnde Gelegenheit zurückzuführen war), meldete er sich in Wien auf der Akademie zum Probezeichnen an. Auf der Klassifikationsliste fand sich folgender Vermerk: »Die Probezeichnungen machten mit ungenügendem Erfolg oder wurden zur Probe nicht zugelassen die Herren: ... Adolf Hitler, Braunau a. Inn, 20. April 1889, deutsch, kath., Vt. Oberoffizial, 4 Realsch. Wenig Köpfe, Probez. ungenügend.«[1]

Das war für Hitler, der zum ersten Mal eine klare Absage erhielt, ein gewaltiger Schock. Es sollte nicht seine einzige Niederlage bleiben. Obwohl er keinen Versuch unternahm, sich praktisch weiterzubilden, versuchte er im September 1908 noch einmal, in die Akademie aufgenommen zu werden. Diesmal wurde er jedoch nicht einmal zur Aufnahmeprüfung zugelassen. Hitler, der seine Schulbildung vernachlässigt hatte, der keinen Abschluß gemacht hatte, obwohl ihm die Möglichkeit dazu geboten worden war, gelang es nicht, sich innerhalb dieses Systems einen Platz zu verschaffen, daher

›John Bulls Kriegsziel‹, Bernard Partridge, PUNCH, 18. Oktober 1939

verachtete er es von diesem Zeitpunkt an. So entstand seine lebenslange Abneigung gegen eine akademische Ausbildung in der bildenden Kunst; er behauptete, daß ein wahres Genie (wie er eines war) in diesem System keinen Platz finden könne, seiner Ansicht nach konnten akademische ›Würstchen‹ ein wahres Genie nicht tolerieren. Merkwürdig war allerdings, daß Hitler, dessen Ehrgeiz auf dem Gebiet der bildenden Kunst lag, diese nur wenig schätzte. Seine Leidenschaft gehörte der Musik. Er versenkte sich in die Musik Richard Wagners, und manchmal ging er Abend für Abend in die Oper. Der Meister von Bayreuth spendete Hitler Trost, nährte seinen vagen, grenzenlosen Ehrgeiz. Die romantische Adaption germanischer Mythen, ihr unreflektierter, blinder Heroismus, die Anspielungen auf inzestöse Liebe, ihre Leidenschaft, die ausnahmslos in Katastrophen und Tod endet, boten dem jungen Hitler eine Alternative zu der engen, kleinbürgerlichen Welt, in der er aufgewachsen war – und sie boten ihm einen Grund, diese Welt abzulehnen. Wagner und seine Musik sollten sein ganzes Leben lang seine Leidenschaft bleiben.

Die wichtigen Experimente in der Musik, die in Wien vor 1914 gemacht wurden, hat Hitler ignoriert, oder sie waren ihm nicht bekannt. Die Werke von Schönberg und seinen Schülern, Alban Berg und Anton von Webern, von Gustav Mahler und Richard Strauss gingen an Hitler spurlos vorüber. Neuerungen in den bildenden Künsten machten gleichermaßen keinen Eindruck auf ihn. Oskar Kokoschka, Gustav Klimt und Egon Schiele hatten auf die kunstinteressierten Wiener eine ähnlich aufwühlende Wirkung wie die oben erwähnten Musiker. Hitler jedoch bewunderte konventionelle, akademische Gemälde von Künstlern wie Rudolf von Alt, Anselm Feuerbach und Karl Mottmann. In der Architektur, zu der sich Hitler ebenfalls hingezogen fühlte, war sein Geschmack höchst konventionell, konservativ. 1911 vollendete Adolf Loos, der Architekt, der auch den jungen Kokoschka förderte, eine absolut moderne, glatte, schmucklose Fassade am Michaeler Platz, direkt gegenüber der barocken Hofburg der Habsburger. Hitler hatte jedoch an solchen Experimenten kein Interesse, er bevorzugte eine konventionelle Stadtplanung.

Einige Sketche, Poster und kleine Aquarelle von Hitler aus der Zeit, die er in Wien verbrachte, existieren noch, sie zeugen von seinen

Vorlieben und seinem Talent. Diese Bilder haben die gleiche nichtssagende Qualität wie Bildpostkarten, die Hitler tatsächlich ja auch oft kopiert hatte. Als Hitler kurz vor Ausbruch des Ersten Weltkrieges von Wien nach München zog, blieb er diesem Gewerbe treu. Auf pedantische, vorsichtige Art konzentrierte er sich auf Einzelheiten, jeder Grashalm, jeder Stein, jede Wolke am Himmel wurde, so gut er konnte, peinlich genau abgebildet. Wassily Kandinsky, Paul Klee und Franz Marc lebten damals in Schwabing, im selben Münchner Stadtviertel wie Hitler, genau wie mehrere Mitarbeiter der satirischen Wochenschrift SIMPLICISSIMUS. (Übrigens hatte auch Lenin, dessen Regime später Hitlers Hauptgegner wurde, in derselben Straße – der Schleißheimer Straße – gewohnt, wo Hitler 1913 als Untermieter bei einem Schneider namens Popp wohnte). Aber die künstlerischen und intellektuellen Anregungen, die München bot, erregten Hitlers Interesse nicht. Vielleicht war er sich in der Zwischenzeit seiner künstlerischen Schwächen bewußt. Er war nicht in der Lage, seine Visionen

›Der Stresemann aus München‹, Fr. Huebner, JUGEND, 1928

Huebner macht sich hier über Hitlers künstlerische Ambitionen lustig, indem er darstellt, wie Hitler Gustav Stresemann sieht, den deutschen Außenminister, der versuchte Deutschland und die westlichen Alliierten miteinander auszusöhnen.

und Ängste künstlerisch auszudrücken, denn er verfügte weder über die Zeichen noch über die Technik, die ihm dies möglich gemacht hätten. Die meisten der deutschen Künstler, die später Hitler karikierten – George Grosz, Paul Weber, Karl Arnold und John Heartfield beispielsweise –, hatten in einer Kunstakademie eine formale Ausbildung erhalten und so die Möglichkeit, sich durch das Medium Kunst auszudrücken. Als Hitler ihre Werke später öffentlich verdammte, war dies auch von Neid und Ressentiments gefärbt, denn sie hatten auf dem Gebiet Erfolg, auf dem er versagt hatte.

Hitler hatte seine ersten persönlichen Erfolgserlebnisse im Ersten Weltkrieg. Am Ende war er nach einem Gasangriff vorübergehend erblindet, aber er hatte das Eiserne Kreuz II. und I. Klasse erhalten, von denen ihm das eine im ersten, das zweite im letzten Kriegsjahr verliehen worden war. Nach dem Krieg betrachtete sich Hitler unter anderem als legitimer Erbe Preußens und seiner militärischen Tugenden. Die meisten seiner Gegner, die Künstler waren – und ihre ersten Scharmützel fanden etwa fünf Jahre nach Kriegsende statt –, hatten ebenfalls ihren Militärdienst abgeleistet. Aber sie sahen den Krieg nicht als etwas, das persönliche Erfüllung brachte, noch war Deutschlands Niederlage für sie ein Grund für blinde Wut. Für sie war der Krieg ein gewaltiger Schwindel, der vom Staat sogar noch organisiert und genehmigt worden war. Sie – und viele andere – konnten die hysterischen Tiraden von Hitler und seinen Anhängern, die in den Straßen und Bierkellern von München in den frühen zwanziger Jahren zu hören waren, nicht ernst nehmen. Obwohl der Erste Weltkrieg eine Erfahrung war, die Hitler mit den Zeichnern, die ihn später in Karikaturen verhöhnten, gemein hatte, seine Einstellung zur Niederlage unterschied sich von ihrer gewaltig. Am Ende des Kriegs »im Chaos von Zusammenbruch und Nachkrieg nahm Deutschland die Strukturen eines riesenhaft vergrößerten Männerheims an«.[2] In jenen Tagen entschloß sich Hitler, Politiker zu werden.

Hitler litt unter vielen verschiedenen Phobien. Dazu gehörten Großstädte und ihre Industriereviere, amerikanische Technologie, die Geburtenrate der slawischen Völker, Großunternehmen, revolutionärer Bolschewismus; sie alle waren, in Hitlers Worten, »Zeichen der Zersetzung«. Alle diese Ängste konnten auf einen gemeinsamen Nenner gebracht werden, Hitler glaubte, daß die Juden sie verursacht hätten. Da er ein glänzender Redner war, konnte er ähnliche Ängste

bei seinem Publikum ansprechen. Seine Energie, sein Organisationstalent und seine Fähigkeit, mit Krisen fertig zu werden, halfen ihm, eine kleine, aber solide Machtbasis in München zu errichten. In seinem ersten Brief als Vorsitzender der NSDAP – der Nationalsozialistischen Arbeiterpartei – vom 17. September 1921, kurz nachdem er den diktatorischen Vorsitz erhalten hatte, schreibt er ausführlich über das zentrale Symbol seiner kleinen Partei – das Hakenkreuzparteiabzeichen, welches von allen Mitgliedern ständig getragen werden sollte.

In Gesellschaft benahm sich Hitler eher linkisch. Es könnte allerdings sein, daß er versuchte, von seiner Unbeholfenheit zu profitieren. Einige mutigere Münchner Gesellschaftsdamen öffneten ihm ihren Salon: Nach seinen ersten politischen Erfolgen wollten sie den einerseits abstoßenden, andererseits faszinierenden jungen Mann genauer kennenlernen. Er kam gewöhnlich zu spät, brachte zu große

Blumensträuße mit, redete zu viel, zu abgehackt oder überhaupt nicht. Auffallend waren seine wasserblauen Augen und das ungewöhnlich kurzgeschnittene Oberlippenbärtchen. Ein Augenzeuge notierte, daß Hitler sich bei einem Gespräch mit General Ludendorff nach jedem Satz, den dieser sprach, erhob, sich leicht verneigte und »Sehr wohl, Exzellenz!« sagte. In der ersten Zeit sah man ihn manchmal mit einem Frack bekleidet, dazu trug er braune Schuhe und einen Rucksack auf dem Rücken. Auch später liebte er es, sich abenteuerlich zu kleiden. Er bevorzugte einen Velourhut, Reitstiefel und Reithosen, einen Trenchcoat; dieser Aufzug wurde vervollständigt durch eine Reitpeitsche, Patronengürtel und Revolver. Die SA – die Sturmabteilung –, Hitlers Privatarmee, wurde, kurz nachdem er den Parteivorsitz im Sommer 1921 erhalten hatte, gegründet; ihre Mitglieder ahmten Hitler nach. Ihre Loyalität galt dem Führer, nicht so sehr einem politischen Programm.

›Der Biertrinker‹ (rechts), holländisch, aus S JAAR OVER NETHERLAND, einem Pamphlet, das während des Krieges verbreitet wurde, und ›Ich frage mich, ich frage mich wirklich, ob sie es dieses Mal ernst meinen‹, Will Dyson, DAILY HERALD (links)

Hitler wurde nicht immer allein durch sein Oberlippenbärtchen und die in die Stirne fallenden Haare charakterisiert. Der holländische Cartoon zeigt ihn als typischen Bayern, der lediglich noch ›Mädl, no a Maß‹ sagen kann.

Später, gegen Ende des Krieges, entwickelten die Historiker eine Art Dämonologie; sie sagten, Hitler und sein Staat seien etwas Außergewöhnliches, etwas, das mit menschlichen Kategorien und dem Verstand nicht zu begreifen sei. Indem sie das Naziregime aber so darstellten, verzichteten sie gewissermaßen auf ihr Recht, es zu analysieren: oder, man könnte auch sagen, sie fanden es einfacher, das Phänomen zu beschreiben als es zu erklären. Hitlers teuflische – unmenschliche – Natur war der Schlüssel zu seinem Charakter und zum Wesen seines Regimes.

George Grosz' ›Hitler, der Retter‹, gezeichnet 1923, im selben Jahr als Hitlers Putsch in Bayern fehlschlug, vermittelt ein anderes Bild. Grosz' Hitler ist eine menschlichere Gestalt, aber in sich gespalten. Der Urmensch aus dem dunklen, dunklen Wald – sein Name ist, natürlich, Siegfried Hitler –, der ein Halsband aus Zähnen trägt und mit einem Fell bekleidet ist, hätte seine Haare nicht so sorgfältig gekämmt und sein Schnauzbärtchen nicht so merkwürdig zurechtgestutzt. Hitler macht einen geschniegelten und zugleich aggressiven Eindruck, sein Gesichtsausdruck paßt nicht zu einem der großen Helden der deutschen Mythologie. Es ist das Gesicht eines typischen Turnvereinmitglieds, oder, man könnte auch sagen, er schaut wie ein Unteroffizier drein, der gerade nicht im Dienst ist. Um Hitlers Mund spielt eine gefährliche, nach unten führende Kurve.

›Münchner Zirkus – Adolf und August‹, Erich Schilling, SIMPLICISSIMUS, 1927 (links) und ›Sagenhafter Held‹, Stephen Roth (rechts)

Damals sah der SIMPLICISSIMUS *Hitler als politisches Gegenstück zu einem talentierten Zirkusakrobaten. Wie Hitler sich und seine Partei der Welt präsentierte, war oft verwirrend und nicht eindeutig zu interpretieren: so sehr, daß Stephen Roth ihn in der Rolle des Hamlet darstellte.*

Grosz zeigte mit dieser Zeichnung deutlich, daß Hitlers Mystizismus lächerlich war, daß dieser nur mühsam die darunterliegende Banalität überdeckte. Dies konnte nur jemand tun, der mit dem Phänomen vertraut war, der es in ureigenster Umgebung genau studiert hat. Grosz' Abneigung gegen das Objekt von Hitlers Verehrung – die deutsche Armee – kommt in einer anderen Karikatur deutlich zum Ausdruck. In der Zeichnung von einem Kasernenhofdrill kontrastiert er die Truppe, die etwas mechanisch und gleichförmig dargestellt wird, mit der Häßlichkeit und Brutalität der Offiziere und Unteroffiziere.

›Im Hofbräukeller‹, Paul Weber, aus ›Hitler – ein deutsches Verhängnis‹, 1932 (unten) und ›Ganz aufgeblasen, aber ohne Ziel‹, David Low, 1933 (rechts)

Zwei Möglichkeiten, Hitler zu betrachten, einmal wirkt er bedrohlich, ein anderes Mal komisch.

Seelenloses Militär, tyrannische Lehrer, raffgierige Geschäftsleute, die sich selbst überschätzten, Alkohol oder erotische Perversionen, das war es, worauf Grosz' Satire abzielte. Haß war in seinen Arbeiten, aber er war kein bösartiger Karikaturist; seine Satire war rein und direkt. Seine Sammlungen aus den zwanziger Jahren *Das Gesicht der herrschenden Klasse* sowie *Ecce Homo* zeigen, zu was für beeindrukkenden Leistungen Grosz fähig war.

Er hätte unmöglich in einem Land leben können, das eine Regierung hatte, die alles verkörperte, was er verabscheute. Den Ersten Weltkrieg sah er als eine Art von allgemeinem Wahnsinn, für Hitler war er die persönliche Rettung; preußische Militärtugenden, aufgepfropft auf Werte der unteren Mittelschicht wie Kleinlichkeit und Knauserigkeit, waren schon, ehe Hitler an die Macht gekommen war, von Grosz mit satirischen Mitteln bekämpft worden.

Grosz konnte seine Sehnsüchte, Ängste und Vorlieben in Kunst umsetzen. Hitler, so sehr er dies auch wollte, war dazu nicht in der Lage. Dafür hatte er aber ein hervorragendes Talent, sich politisch auszudrücken. Er verkörperte – mehr als Mussolini, der lange vor

Hitler an die Macht gekommen war, oder als Franco, der teilweise mit Hitlers Hilfe an die Macht gekommen war – den typisch faschistischen Politiker. Im Krieg hatte Hitler gelernt, der Krieg hatte ihn befreit; die Nachkriegsjahre machten ihn zum Politiker. Obwohl er ›aus dem Nichts‹ aufgestiegen war, um eine große Nation zu führen, begann er seine politische Karriere in München mit gewissen Vorteilen.

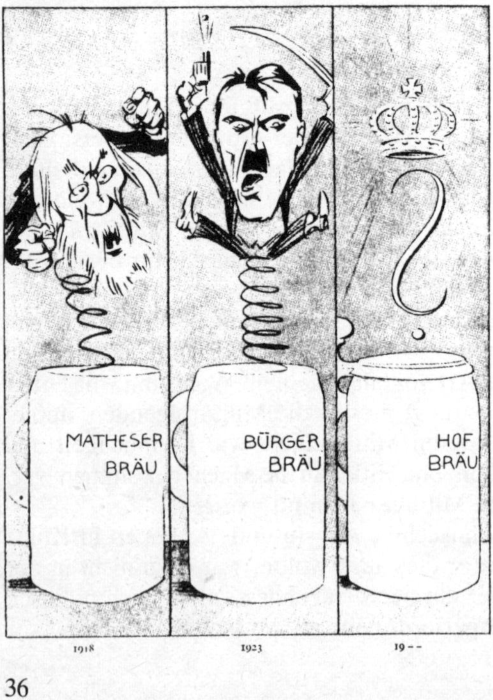

›Hakenkreuze‹, František Bidlo (links oben); ›Versprochene Wünsche‹, Karl Arnold, September 1932 (rechts oben); ›Die Gefahren der Münchner Bräukeller‹, Oskar Garvens, 1923 (links unten) und ›Hitler, der Retter‹, George Grosz, 1930 (rechts unten)

Arnold zeigt die Schlange der Habenichtse, die der Nazipartei beigetreten sind. Die Bildunterschrift lautet: ›Nur Zeit lassen – im Dritten Reich sitzen wir alle am Schreibtisch, und der Dicke muß warten.‹ Garvens stellt Vermutungen darüber an, ob nach Eisners kurzlebiger kommunistischer Regierung und Hitlers vereiteltem Putsch sich die Monarchisten in Bayern erheben werden.

GEORGE GROSZ, Sohn eines Berliner Gastwirtes, wurde 1893 geboren. Seine Eltern waren preußische Lutheraner. 1898 zogen sie von Berlin nach Stolp in Pommern, wo der Vater als Hausmeister und Wirtschaftsleiter der örtlichen Freimaurerloge arbeitete. Grosz verbrachte seine Kindheit in der Enge einer preußischen Provinzstadt, und manchmal kann man seine Arbeiten als Analyse dieser Erfahrungen interpretieren, manchmal aber auch als Rache. Schon mit elf Jahren machte er Ausflüge in die nähere Umgebung und malte Landschaftsbilder. Etwas später entdeckte er seine Liebe zum Kitsch, billige Kunstgewerbeartikel von ›Seifenmalern‹. Zeitlebens sammelte er solche Gegenstände. Zwei Jahre lang studierte er an der Dresdner Akademie, dort wurde er auch mit modernen Kunstrichtungen bekannt, vor allem für Nolde und van Gogh hegte er gegen den Rat seiner Lehrer eine große Bewunderung. Er lernte auch die Werke der Dresdner *Brücke* und des *Blauen Reiters* in München kennen. Als er siebzehn war, veröffentlichte die wöchentlich erscheinende satirische Beilage des *Berliner Tageblatts* eine Zeichnung von ihm. Zuvor hatte er sich als Designer versucht. Seine ersten ernstzunehmenden Zeichnungen und Gedichte wurden 1915 in der Zeitschrift *Die Neue Jugend,* die von Wieland Herzfelde, John Heartfields Bruder, herausgegeben wurde, und in der Anti-Kriegs-Zeitschrift *Die Aktion* veröffentlicht. Grosz sah den Krieg als eine Orgie der Unmoral; seine Kriegserfahrungen machten ihn zum Misanthropen und förderten seine skeptische, individualistische Einstellung zum Leben.

1916 fing er an, das Übel und die Korruption der deutschen Gesellschaft sowie die Außenseiter, die der Krieg hervorgebracht hatte, Krüppel, Kriegswitwen und Alkoholiker, in seinen Zeichnungen darzustellen. Nach dem Krieg schloß er sich der Dadabewegung an, dem Vorläufer des Surrealismus. 1933 unterrichtete er am *Art Students League,* einer führenden Kunstschule in New York; den größten Teil seines restlichen Lebens verbrachte er in den USA. Im Mai 1959 kehrte er nach Berlin zurück, wo er zwei Monate später starb.

›Der weiße General‹,
DIE PLEITE,
November 1923,
(oben rechts);
›Zur Schlachtbank/Fürs Vaterland‹,
DER KNÜPPEL,
25. Juli 1934
(unten rechts)

›Alles kehrt einmal wieder...‹, 1923 (oben); und ›Stützen der Gesellschaft‹, 1926 (rechts), alle von George Grosz.

Grosz' beste Arbeiten zeigen die Korruption und Dekadenz in der Weimarer Republik und drücken seinen Abscheu vor Krieg und Militarismus aus. Seine Karikaturen enthüllen die Züge der neuen herrschenden Klasse, aufgepfropft auf die alte, und nur allzu bereit, sich die Politik der Nazis zu eigen zu machen. 1934 hatte sich das ›neue‹ Deutschland schon durchgesetzt, Leben und Arbeit waren in einem zuvor nicht gekannten Maße reglementiert. Während die Waffenproduzenten reich wurden, gab es für die, die aus der Reihe tanzten, Kommunisten oder Juden, die Konzentrationslager.

›Hitler kündigt den Versailler Vertrag‹, Schweiz, NEBELSPALTER, 1935?

Die Nazibewegung

Hitler verstand intuitiv, was die Deutschen ängstigte, was ihnen Sorgen machte. Zuletzt war es der Schock der Niederlage gewesen und der ›Syphilisfrieden‹, wie die nazistische Tageszeitung, der VÖLKISCHE BEOBACHTER, so unelegant formulierte. (Der Versailler Vertrag verband moralische Verdammung mit der Forderung nach Reparationszahlungen in ein und demselben Paragraphen.) Die Angst vor einer Revolution, von der die bürgerliche Schicht in Mitteleuropa seit der Französischen Revolution erfaßt worden war, hatte neuen Antrieb durch die Ereignisse in Rußland erhalten. Berichte von grauenhaften Greueltaten drangen nach Deutschland durch, als die Partei der ›Bolschewiki‹ in der Oktoberrevolution 1917 die Macht an sich riß. Hitler sah in Rußland einen ›brutalen Machtkoloß‹, und viele Deutsche der Mittelschicht fürchteten, daß, ausgerüstet mit der marxistischen Doktrin, Rußland nun besser in der Lage sei als je zuvor, die traditionellen deutschen Werte umzustürzen.

Das zwanzigste Jahrhundert hatte für viele Deutsche ein häßliches, widerwärtiges Antlitz. Die Abneigung gegen die Industrie und die durch die Industrie entstehende Großstadt, die Megapolis, war weit verbreitet und verstärkte sich. Großunternehmen und Großkaufhäuser vertrieben die kleinen Geschäftsleute: gemeinsam mit den Akademikern und anderen ehemals wohlhabenden Mitgliedern der bürgerlichen Klasse, fühlten sie und die Angestellten (die ›Unteroffiziere des Kapitalismus‹) sich bedroht. Die Moderne war unberechenbar und fremd, undeutsch: sie konnte nur eine standardisierte, termitengleiche Existenz zur Folge haben. Ihre ungewohnte Anonymität drückte sich, so glaubten die Gegner der Moderne, in der technischen Sachlichkeit des Bauhaus im Stil von Adolf Loos oder Le Corbusier, in vorfabrizierten Häusern, in der modernen Kunst und in Stahlrohrmöbeln aus. Der Ausdruck Kulturbolschewismus, ein Begriff, den man für die modernen Richtungen in der Kunst gebrauchte, wurde später durch den nationalsozialistischen Ausdruck ›entartete Kunst‹ ersetzt. Eugen Friedländers *Sexualethik des Kommunismus* versetzte die Bourgeoisie in Angst und Schrecken. Darin wurde die Ehe als die ›üble Ausgeburt des Kapitalismus‹ bezeichnet, die es zu beseitigen gelte; ebenso wie unvernünftige Strafen für Homosexualität, Blutschande oder Abtreibung.

Die Sowjetunion, oder vielmehr der Bolschewismus, und nicht ganz so unmittelbar, der Amerikanismus hatten, so schien es der deutschen Mittelklasse, etwas zu tun mit der bedrohlichen Moderne und dem gleichzeitigen Niedergang deutscher Werte, besonders mit solchen, die die Familie und den Staat betrafen. Auch die Juden hatten etwas mit der Moderne und der Revolution zu tun: ihre Erfolge gründeten sich auf Flexibilität, Mobilität und die Tatsache, daß sie in Städten lebten; es war deshalb unwahrscheinlich, daß sie loyal oder heimatverbunden waren. Nichtsdestoweniger glaubte man, daß die Bedrohung der deutschen Werte hauptsächlich vom Ausland ausging, entweder vom Osten oder vom Westen. Der Osten wirkte natürlich bedrohlicher, denn in Rußland hatten sie ja ein revolutionäres Regime. Obwohl Oswald Spengler, der Prophet des Untergangs des Abendlandes, die Deutschen aufrief, ›das innere England‹ zu bekämpfen, sahen die Deutschen in Rußland, der ›vierten Dimension‹, die größere Gefahr. Die verschiedenen Einwohnerwehren und Freikorps (bewaffnete Banden, die sich hauptsächlich aus ehemaligen Soldaten zusammensetzten) richteten sich darauf ein, eine kommunistische Revolution zu bekämpfen.

In Wien hatte Hitler als junger Mann die deutsche politische Isolation aus eigener Erfahrung kennengelernt. Jahrzehnte vor Ausbruch des Ersten Weltkriegs hatten die Slawen, vor allem die Tschechen, im österreichischen Teil der Österreichisch-Ungarischen Monarchie politische und wirtschaftliche Fortschritte gemacht, gelegentlich auf Kosten der Deutschen. Zu der Zeit, als Hitler nach Wien kam, gab es eine beträchtliche Lobby von deutschen Parteien und Politikern in der Habsburger Monarchie, die sich gegen die slawischen Ansprüche wehrten, oder die die Deutschen aus der Monarchie ausgliedern und sie dem neugegründeten Deutschen Reich einglie-

›Der neue Reichstag:
‚Was für zwei Kerle haben sie mir da wieder auf den Rücken gesetzt?'‹,
E. Schilling, 1924

Präsident Friedrich Ebert, als Zentaur dargestellt, wird von einem machthungrigen Nazi und einem zerstörerischen Bolschewiken geritten. Die Stabilität der Weimarer Republik war selbst nach der Verhaftung Hitlers von Kräften der extremen Rechten oder Linken bedroht.

dern wollten. Hitler selbst drückte sich 1913 vor dem Militärdienst in der österreichischen Armee, diente jedoch ein Jahr später in der deutschen.

Hitler kannte sein Publikum gut, und er lernte, wie er seine Ansichten zu vermitteln hatte. Die Passagen über Propaganda in *Mein Kampf* sind von einer Klarheit und Einfachheit, die sonst nirgendwo im Buch erreicht wird. Propaganda mußte den größten Teil der Bevölkerung erreichen, deshalb mußte sie ansprechend und für jedermann verständlich sein. Sie durfte ruhig Unwahrheiten enthalten: Wenn man Lügen oft genug wiederholte, wurden sie allmählich fast zu Wahrheiten. Hitler hielt es nicht für nötig, zwischen Propaganda und Agitation zu unterscheiden, wie es die marxistischen Parteien gewöhnlich taten. Für sie war Propaganda ein Mittel zur Verbreitung der marxistischen Doktrin, wogegen Agitation vergleichsweise geringer einzuschätzen war, weil sie lediglich die Tagespolitik betraf. Hitler hatte keine umfassende politische Doktrin, er setzte Stimmungen der Zeit in politische Tat um. Und bald verstand er den Zusammenhang zwischen Gewalt und Publizität: Die ersten

›Die Testamentsvollstrecker‹, Karl Arnold, Juli 1930

Karl Arnold kommentiert den Bürgerkrieg in Deutschland.

›Die Quelle‹, David Fitzpatrick, ST. LOUIS POST-DISPATCH, 19. Oktober 1930

Einer der ersten amerikanischen Cartoons, in denen Hitler dargestellt wird. Er zeigt, wie Hitler nach den Wahlen vom 14. September 1930, bei denen die Partei fast 6½ Millionen Stimmen erhielt, ins politische Rampenlicht tritt. Die Ursache für seinen Erfolg, der Versailler Vertrag, wird klar erkannt.

Zusammenstöße seiner Anhänger mit ihren Gegnern in München versorgten die Zeitungen mit gutem Stoff, und die Nazis erhielten Publizität für ihre Sache. Hitler benutzte diesen Zusammenhang zwischen Propaganda und Gewalt ständig und mit eiskalter Berechnung. Der Cartoon von Ente, auf dem zwei Nazis auf Knopfdruck von Hitler zwei simple Slogans – »Heil Hitler« und »Juda verrecke« – herausbrüllen, zeigt deutlich, was man unter Nazipropaganda zu verstehen hat.

Die Werke von Paul Weber, einem der besten deutschen Zeichner und Illustratoren, werfen ein scharfes Licht auf das Wesen der Nazibewegung, als Hitler noch auf dem Weg an die Macht war. Seine visionären, prophetischen Arbeiten nehmen im Kampf gegen Hitler und den Nationalsozialismus eine herausragende Stelle ein.

Für Weber wie für viele andere deutsche Künstler, einschließlich einem anderen hervorragenden Karikaturisten, Karl Arnold, war der Erste Weltkrieg eine prägende Erfahrung gewesen. Eine düstere, alptraumhafte Vision durchdringt Hitlers ganzes Werk, das von dem Doppelthema Tod und Zerstörung beherrscht ist.

Weber arbeitete eng mit Ernst Niekisch zusammen, einem radikalen Verleger, der 1928 für kurze Zeit Ministerpräsident von Bayern war. 1932 illustrierte Weber Niekischs antinazistisches Pamphlet, mit dem Titel *Hitler – Ein deutsches Verhängnis.* 50000 Exemplare wurden davon verkauft, ehe Hitler im Januar 1933 an die Macht kam, und es enthielt einige von Webers besten Arbeiten über die nationalsozialistische Bewegung. Es ist visionär, prophetisch und durchdrungen vom Gefühl des bevorstehenden Verhängnisses. Das gewagte Titelbild zeigt den Tod in einer SA-Uniform. Der Hitlergruß, den Mund weit aufgerissen, die linke Hand an der Gürtelschnalle: eine charakteristische, häßliche Pose. Der Tod steht über den fanatisierten Massen und den SA-Standarten, der Hintergrund ist düster, bedrohlich, Raben kreisen über einer nicht vorstellbaren Katastrophe. Die zentrale Illustration in Niekischs Pamphlet trägt den schlichten Titel *Das Schicksal.* Sie ergänzt und erklärt das Titelbild. Dargestellt ist ein riesengroßer Sarg mit einem Hakenkreuz darauf, ein SA-Mann lädt die Massen ein, in den Sarg zu gehen.

Allen auffallenden, deutlich sichtbaren Hinweisen zum Trotz, die endgültigen Ziele der Nazibewegung waren nicht eindeutig zu erkennen. Keiner wußte genau, was Hitler und die Nationalsozialisten

›Kommunistische und Nationalsozialistische Arbeiter‹, SIMPLICISSIMUS, Februar 1931

Die Karikatur, die zeigt, wie verschiedene Gruppen von Arbeitern entweder hinter der roten Fahne oder dem Hakenkreuz marschieren, weist auf die Polarisierung der öffentlichen Meinung auf diese beiden Parteien hin.

wollten, als sie in den frühen zwanziger Jahren in München ins politische Leben traten. Hitler und die Nazis hatten für jeden eine eigene Bedeutung: besonderen Anklang fand Hitler beim Kleinbürgertum, das sich erniedrigt fühlte und voll Zorn war auf die Nachwirkungen des verlorenen Krieges und das eine bolschewikische Revolution fürchtete; Hitler nutzte diese Angst und Unzufriedenheit aus, genau wie er sich die Enttäuschungen der kleinen Geschäftsleute, der Beamten, Arbeiter und Bauern zunutze machte. Noch 1932 schrieb Ernst Niekisch über den Nationalsozialismus, daß er im Aufbruch sei, aber keiner wisse, wohin. Alle Möglichkeiten stünden noch offen... Niekisch vertrat die Ansicht, daß die nationalsozialistische Bewegung mehrere Deutungsmöglichkeiten böte, daß in ihr verschiedene Richtungen, Gefühle, Ziele und Träume verschlungen seien. Dennoch sei sie voller Gegensätze, sie enthalte so viele Widersprüche wie es Menschen gibt. Sie spreche mit der Stimme des Blutes, aber auch die Sprache der Rache. Der Impuls eines echten Nationalgefühls sei mächtig, aber er werde schamlos ausgenutzt. Das Programm der Nationalsozialisten war allumfassend, aber ohne präzise Ziele.

Hitler brauchte eine lange Zeit – rund zwölf Jahre –, bevor er sich beweisen konnte. Von Anfang an stand seine Partei auf einer breiten gesellschaftlichen Basis. Es war keine Partei für eine bestimmte gesellschaftliche Schicht, denn Hitler war davon überzeugt, daß Klassengegensätze durch den Rassengegensatz überwunden werden würden. Angestellte und Beamte machten zu Beginn etwa 30 Prozent der Parteimitglieder aus; gelernte und ungelernte Arbeiter stellten etwa denselben Anteil. Etwa 16 Prozent waren Kaufleute und kleine Geschäftsleute, der Rest setzte sich aus Studenten, Angehörigen freier Berufe und Soldaten zusammen. Gesellschaftliche Außenseiter und Bohemiens, wie Hitler selbst, waren die aktivsten Parteigänger und überwogen in der Führung; erst viel später machten sie den Versuch, auch auf dem Lande eine Anhängerschaft zu gewinnen. Hitler sagte: »Für einen klassenbewußten Arbeiter ist kein Platz in der NSDAP, ebensowenig wie für einen standesbewußten Bürger.«[1]

Das Magazin WIDERSTAND, das Niekisch herausgegeben hatte, wurde 1934 verboten und Webers Arbeiten wurden konfisziert. Niekisch, seine Mitarbeiter und Freunde waren unter denjenigen, die verfolgt wurden, als nach dem Reichstagsbrand am 27. Februar 1933 eine Verhaftungswelle über Deutschland einbrach.

›Nazipropaganda‹, Ente (unten)

Dieser Cartoon zeigt das Wesen und die Qualität der frühen Nazipropaganda ganz deutlich. Zwei Nazis rufen ›Heil Hitler‹ und ›Juda verrecke‹ so mechanisch, als wären sie Schallplatten, die nur abgespielt werden müssen. Schon von Beginn an kam dem gesprochenen Wort eine wichtigere Bedeutung zu als dem geschriebenen.

›Krieg der Uniformdeutschen‹, Karl Arnold, Juli 1932 (rechts oben)

Noch einmal Arnold zum Thema ziviler Gewalt: »Wenn das so weitergeht, bleibt uns am Ende nur noch die Heilsarmee.«

›Reportage‹, Herbert Marxen, JUGEND, 1932 (unten)

Der tragische Zwischenfall wird unterschiedlich kommentiert: Parteipresse der einen: »Wie sehr es sich empfiehlt, beim Überqueren des Fahrdammes erst links, dann rechts zu sehen, beweist wieder ein bedauerlicher Autounfall...« Parteipresse der anderen: »Gerade als unser Parteimitglied einen in der Trambahn zufällig gefundenen Revolver beim Fundbüro abliefern wollte...« Presse der Parteilosen: »Ohne uns für die eine oder die andere Partei einsetzen zu wollen: Man soll im Umgang mit Schußwaffen vorsichtig sein...«

Niekisch selbst wurde verhaftet, aber auf Intervention seiner Freunde bald aus der Haft entlassen; 1937 wurde er wiederum verhaftet und erst 1945 freigelassen. Weber verbrachte den größten Teil von 1937 in Gestapogefängnissen in Hamburg, Berlin und Nürnberg, anschließend ging er 1938 nach Florida und kehrte 1939 nach Deutschland zurück. Er fing dann an, an zwei lithographischen Zyklen zu arbeiten (*Leviathan* und *Reichtum aus Tränen*), die vom ausbeuterischen Charakter des britischen Imperialismus handelten. Die beiden Zyklen wurden 1941 unter dem Titel *Britische Bilder* veröffentlicht. Dies war der Preis, den Weber dafür zahlen mußte, daß er und seine Familie das Naziregime überleben durften. In der Endphase des Krieges diente er noch in der Armee.

›Das Schicksal‹, Paul Weber, aus ›Hitler – ein deutsches Verhängnis‹, 1932 (unten); ›Glanznummer‹, Paul Weber, um 1933 (rechts oben) und ›Das Grauen‹, Paul Weber, um 1933 (rechts unten)

Weber ahnte die kommende Katastrophe und drückte dies in einigen ausdrucksstarken Zeichnungen aus. Obwohl es schwierig ist, einige seiner Werke zu datieren, kann man annehmen, daß diese Zeichnungen nach Hitlers Machtübernahme angefertigt wurden. Sie sind allgemeiner gehalten als die früheren, in denen er eher auf spezifische Eigenschaften der Nazis hinwies.

START 1932

Zu den Falschmeldungen über das Nationalsozialistische Fliegerkorps:
Nicht wir fliegen – sondern die andern!

›Start 1932‹, Guppler, BRENNESSEL, 30. Dezember 1931

Dieser Cartoon, der am Ende des Jahres 1931 veröffentlicht wurde, prophezeite die Flucht der Juden, Kommunisten, Künstler und Intellektuellen aus Deutschland im Jahre 1932, wenn der Nazibesen Deutschland säubern wird.

Während seiner ganzen Karriere griff Weber eine Vielzahl von Themen auf, um sie satirisch zu behandeln: Kriegsgewinnler, Drahtzieher, Schlotbarone, die Großindustriellen nach dem Ersten Weltkrieg, Hitler und die nationalsozialistische Bewegung, den britischen Imperialismus. Nach dem Zweiten Weltkrieg stellte er die hirnlose Konsumgesellschaft des neuen Deutschlands oder die Art und Weise, wie Touristen Urlaub von dieser Gesellschaft machen, in seinen Arbeiten satirisch dar.

Der Tod erschien in verschiedenen Verkleidungen in seinen Zeichnungen. In *Glanznummer* zeigt ein Clown, ebenfalls eine Rolle des Todes, seine Kunststücke vor den erwartungsvollen Massen auf einem Balkon, der ins Nirgendwo führt. Die Zeichnung *Das Grauen* enthält sowohl visuelle als auch verbale Hinweise auf die kommende Katastrophe. Instinktiv spürt das Pferd die kommenden Schrecken und bäumt sich auf. Das Ganze ist ein komplexes Wortspiel, denn auf einer Ebene ist das Morgengrauen gemeint, das auf dem Bild dargestellt ist, die Farbe des Pferdes ist grau und grauenhaft ist die Zukunft, vor der das Pferd entsetzt zurückweicht. Zeichnungen, in denen Tiere als Metaphern für menschliche Charakterzüge oder Verhaltensweisen stehen – wie auch in der Fabel – stellen vermutlich die älteste Form der Karikatur dar; Weber benutzte gelegentlich auch eine Kombination aus Menschen, Pflanzen und Tieren, um gewisse Schwächen ganz klar darzustellen.

Es gibt bestimmte Zusammenhänge zwischen dem Werk von Weber und dem von Hieronymus Bosch, besonders mit Boschs *Garten der Lüste*; in seinen späteren Arbeiten, die nach dem Zweiten Weltkrieg entstanden, benutzte Weber, vielleicht unbewußt, eine ähnliche Symbolik wie Bosch.

Im Gegensatz zu Paul Webers visionären Arbeiten, sind Karl Arnolds Cartoons leichter, humorvoller: Er machte sich über seine ›Opfer‹ lieber lustig, statt in ihnen ein Verhängnis zu sehen. Wie viele der Satiriker, die für den SIMPLICISSIMUS arbeiteten, war Arnold kein Bayer; Olaf Gulbransson z. B. war Norweger. Arnold stammte aus dem Herzogtum Sachsen-Coburg-Gotha. Zwischen den Kriegen arbeitete er für eine Anzahl deutscher Illustrierten, einige seiner frühen Cartoons wurden auf die Liste des ›schädlichen und unerwünschten Schrifttums‹ gesetzt, nach 1933 hörte er auf, regimekritische Arbeiten zu produzieren.

›Bücherverbrennung‹, Bodo Gerstenberg, Mai 1933 (oben)

Gerstenbergs Zeichnung hält die Verbrennung von rund 20000 Büchern in Berlin am 10. Mai 1933 fest; nach William Shirer eine Szene, wie sie die westliche Welt seit dem ausgehenden Mittelalter nicht mehr gesehen hat. Darunter waren Werke von international anerkannten deutschen Schriftstellern wie Heinrich und Thomas Mann, Stefan Zweig und Erich Maria Remarque und von ausländischen Schriftstellern wie H. G. Wells, Gide, Zola und Proust.

›Schriftsteller, was?‹, George Grosz, 1933 (rechts)

In dieser Zeichnung zeigt Grosz, wie die SA den Besitz eines völlig verängstigten Verdächtigen durchsucht. Hitlers geradezu fanatischer Haß auf Intellektuelle und Angehörige des gebildeten Mittelstands könnte möglicherweise in seinem eigenen Versagen auf akademischem Gebiet begründet sein. Grosz verließ im Jahre 1933 Deutschland, und man schätzt, daß 2500 Schriftsteller dasselbe taten, teils freiwillig, teils unter Zwang, eine einmalige Diaspora in der Geschichte.

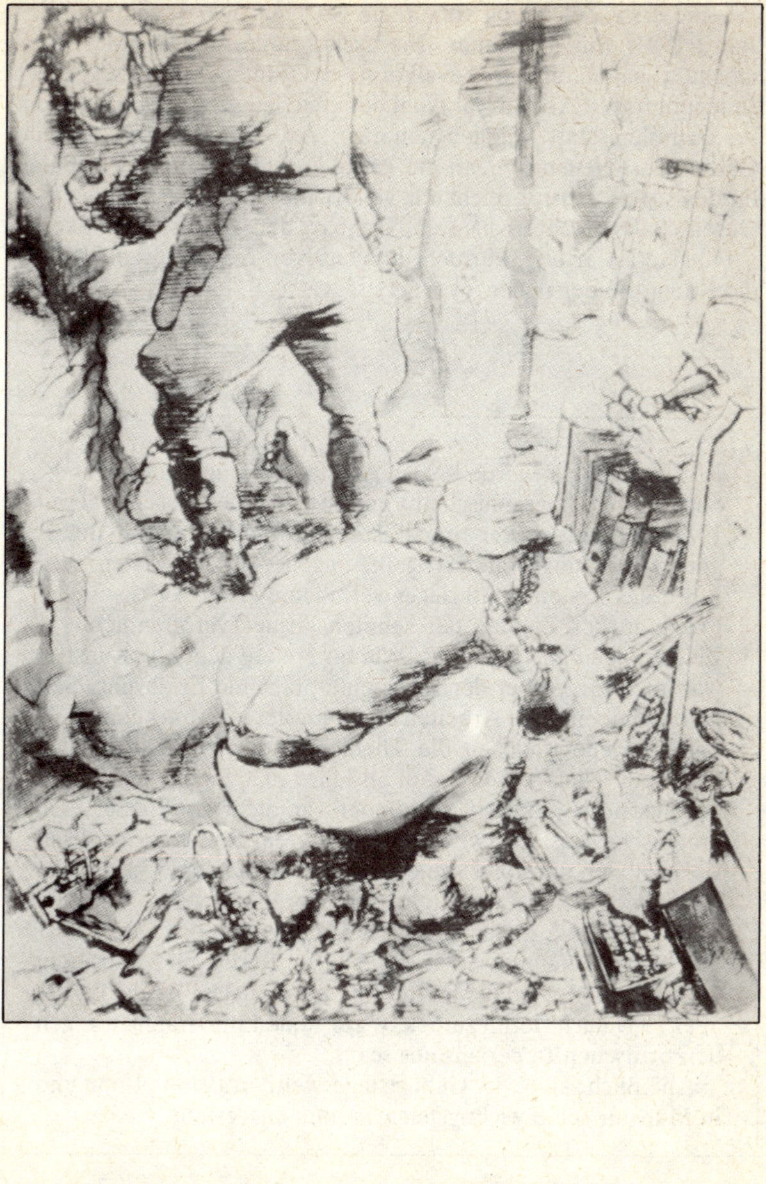

Seine erste Zeichnung von einem Nazianhänger stammt aus dem Jahre 1923: Ein Münchner ›Biertisch-Politiker‹ sagt: »Mei' Ruah möcht' i hamm und a Revalution, a Ordnung muaß sei' und a Judenpogrom.« Arnold war wohl der erste Künstler, der das Hakenkreuzemblem statt Pupillen benutzte; der ›Rassemensch‹, aus der Galerie der ›Neuen Typen‹, die Arnold im folgenden Jahr ebenfalls für den SIMPLICISSIMUS zeichnete, gehört allerdings einer ganz anderen Gesellschaftsschicht an als sein Nachbar, der ›Biertisch-Politiker‹.

Paul Nikls Cartoon ›Furor Teutonicus‹ von 1934 gehört ebenfalls in die Kategorie der neuen Typen.

PAUL WEBER wurde 1893 in Arnstadt in Thüringen geboren. Seine erste lithographischen Versuche stammen aus den Jahren 1911–1913, als er der romantischen Zurück-zur-Natur-Bewegung, den Jung-Wandervögeln, angehörte. Die ersten zwei Jahre des Ersten Weltkrieges verbrachte er an der russischen Front, in der Zeitung der zehnten Armee veröffentlichte er Zeichnungen und Cartoons. Wie für andere deutsche Künstler war auch für Weber der Krieg eine prägende Erfahrung. Seit damals haben seine Arbeiten etwas Düsteres, Alptraumhaftes, immer wieder tauchen die Themen Tod und Zerstörung in ihnen auf. Nach seiner Heirat im Jahre 1920 fing er an, Bücher zu illustrieren, und 1925 gründete er die Clan-Presse, eine graphische Anstalt. Obwohl er immer ein Radikaler gewesen war, gab er um 1936 seinen offenen Widerstand gegen die Nazibewegung auf, vermutlich aus Sorge um seine Frau und seine fünf Kinder. Nachdem er die meiste Zeit des Jahres 1937 in Gestapogefängnissen in Hamburg, Berlin und Nürnberg verbracht hatte, ging er im folgenden Jahr nach Florida, kehrte aber 1939 nach Berlin zurück, wo er seine Lithographien gegen den britischen Imperialismus schuf.

Anläßlich seines 85. Geburtstages wurden 1978 in Bonn und in Münster seine wichtigsten Arbeiten ausgestellt.

Die Arbeit ist von Grosz beeinflußt, sie zeigt deutlich, was für Leute Hitlers Bewegung unterstützten. Die Hauptfigur, eine ausgesprochen streng wirkende Dame, trägt einen Kneifer und eine Hakenkreuzbrosche. Ihr Gesicht ist hager, und sie wirkt gemein, ihre Augen blicken unter schweren Lidern vertrauensvoll in eine gute Nazizukunft. Die anderen Damen schauen wachsam, mißtrauisch oder amüsiert drein. Die Symbolik ist deutlich und abschreckend.

Solange die Nazibewegung auf den Ort ihres Ursprungs beschränkt blieb, war der Angriff auf sie, auf der Ebene der Karikatur, ebenfalls weitgehend bayrisch; die meisten Karikaturen finden sich auf den Seiten des SIMPLICISSIMUS. Nachdem die nationalsozialistische Partei ihre Organisation auf ganz Deutschland ausgedehnt hatte, erschienen auch an anderen Orten in Deutschland Attacken auf sie. George Grosz, Paul Weber, Karl Arnold und Thomas Theodor Heine sahen

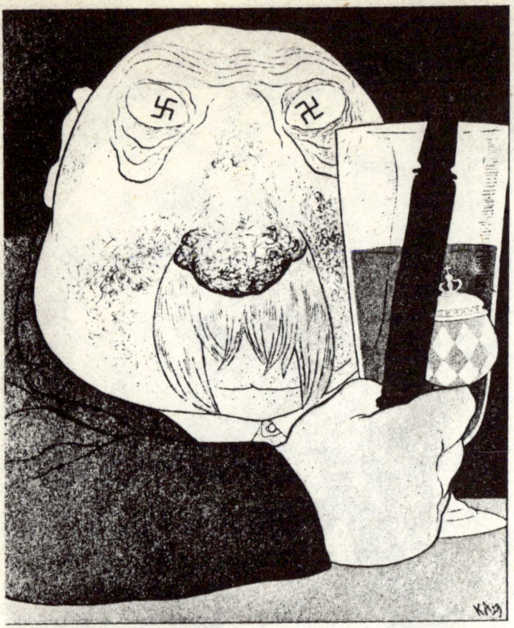

›Furor Teutonicus‹, Paul Nikl, 1934 (rechts); ›Der Münchner‹, Karl Arnold, 1923 (links) und ›Hoppla, wir leben!‹, Karl Arnold, 1927 (S. 59)

Hitler und seine Bewegung in Großaufnahme. Ihr Kommentar zum Naziphänomen war treffend und in Webers Fall sogar prophetisch. Aber sie predigten zu denen, die ohnehin schon überzeugt waren, und insofern ist es nicht möglich, ihre Arbeiten vor 1929 als Teil einer breiten Kampagne gegen Hitler zu beschreiben.

George Grosz schrieb später: »Die Zeit der Karikatur als Instrument im Kampf für den Fortschritt ist vorbei. Wenn man heutzutage etwas deutlich machen will, erfüllt ein Foto mit passender Bildunterschrift den Zweck viel besser. Leben und Tod sind, wenn ich das so sagen darf, großartige Themen für Spott und billige Tricks.«[2] Grosz' Freund, John Heartfield, der die Kunst der Fotomontage erfand, benutzte die Fotografie auf eben diese Weise, um politische Aussagen zu machen, und, wenn es nötig war, fügte er noch eine Zeichnung hinzu, oder er montierte mehrere Fotos zu einem Bild zusammen, um die gewünschte Wirkung zu erzielen.

Obwohl die Anhänger Hitlers aus allen sozialen Schichten kamen, ist einer von Arnolds ›neuen Typen‹ ein Prototyp. Ein betrunkener Bayer, dessen politisches Denken voll unvereinbarer Widersprüche steckt: »Mei' Ruah möcht' i hamm und a Revalution, / A Ordnung muaß sei' und a Judenpogrom, / A Diktator g'hört hera und glei' davo' g'haut: / Mir zoagen's Enk scho', wia ma Deutschland aufbaut.«

Nach Ausbruch des Ersten Weltkriegs im August 1914 fing Heartfield, der den Krieg und den Hurra-Patriotismus verabscheute, an, melancholische, pazifistische Lyrik zu schreiben. Ernst Lissauers populärer Haßgesang gegen England bewegte ihn dazu, seinen richtigen Namen Helmut Herzfelde zu anglisieren, und er nannte sich von da an John Heartfield. (Grosz anglisierte seinen Vornamen Georg aus ähnlichen Motiven). Er blieb bei seinem neuen Namen, obwohl die Behörden sich weigerten, ihn während des Krieges zu registrieren.

Heartfields erste politische Fotomontage erschien am 15. Februar 1919 als Titelseite des satirischen Magazins *Jedermann sein eigener Fußball*. Sie war betitelt ›Wettbewerb! Wer ist der Schönste?‹ und griff Eberts sozialdemokratische Regierung an. Das Magazin wurde gleich nach der ersten Nummer verboten, aber noch im selben Jahr gründeten Heartfield, sein Bruder und George Grosz ein neues satirisches Magazin, DIE PLEITE.

›Durch Licht zur Nacht‹, 19. Mai 1933 (links); ›Nach zehn Jahren: Väter und Söhne‹, 1924 (rechts); ›Gespensterstunde‹, 1930 (rechts unten); alle von John Heartfield

In diesen Arbeiten von 1924 und 1930 greift Heartfield den Militarismus an, den er als die Wurzel der deutschen Probleme ansieht. ›Durch Licht zur Nacht‹ war Heartfields Kommentar zu Goebbels' Bücherverbrennung.

In den nächsten zehn Jahren griff Heartfield beständig die deutsche Politik an, besonders den Nationalsozialismus und mit ihm verwandte Phänomene – preußischer Militarismus und die Großindustrie sowie die Industriellen, die die Waffen dazu herstellten. Sein Bild mit dem Titel ›Nach zehn Jahren: Väter und Söhne‹ von 1924 war ein zugkräftiges Argument gegen den Militarismus und militaristische Politiker: In dieser Montage wird ein Foto von Hindenburg gegen einen Hintergrund von Skeletten abgehoben. Die Skelette stellen die Soldaten dar, die Hindenburg 1914 in den Tod geführt hatte. In dem Bild ›Gespensterstunde‹ von 1930 werden die Hauptfiguren im deutschen Drama in eine gespenstische Szene gestellt. Hitler wartet mit zuversichtlichem Lächeln auf der rechten Seite, ihm gegenüber, links, verläßt ein älterer, korrekt angezogener Herr, der mit dem Eisernen Kreuz dekoriert ist, das Bild. Die mondbeschienene Szene scheint anzudeuten, daß Hitlers Gespensterstunde auch kommen wird.

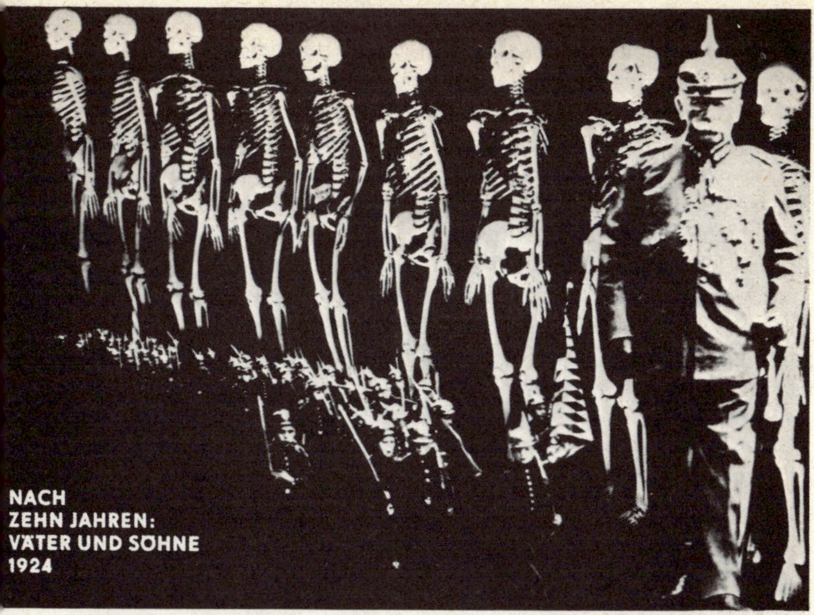

NACH
ZEHN JAHREN:
VÄTER UND SÖHNE
1924

GESPENSTERSTUNDE 1930

Während der zwanziger und in den frühen dreißiger Jahren unterstützte Heartfield die Kommunistische Partei bei ihrer Öffentlichkeitsarbeit, und er war es, der im März 1933 das letzte Wahlkampfplakat für die Partei entwarf. Seine Wohnung wurde an Ostern desselben Jahres von der SA durchsucht, dabei wurde ein großer Teil seines Werkes zerstört. Er floh nach Prag und arbeitete dort für den Malik-Verlag und die AIZ (Arbeiter Illustrierte Zeitung), die ab Mitte 1936 unter dem Namen Volks-Illustrierte erschien.

1933 fanden in Mannheim zwei Ausstellungen statt, die von dem gerade an die Macht gekommenen Naziregime gefördert wurden und die die Titel ›Schreckenskammer der Kunst‹ und ›Kulturbolschewismus‹ trugen; viele von Heartfields Arbeiten waren darin vertreten. Hitler rächte sich schnell an den ›dekadenten‹ Künstlern. Heartfield stellte 1934 in Prag, 1935 in Paris und 1938 in New York aus; 1936 wurde auf der Internationalen Fotoausstellung im Kunstverein Manés

KARL ARNOLD wurde 1883 als Sohn eines Puppenfabrikanten geboren. Zunächst besuchte er die Herzogliche Industrie- und Gewerbeschule in seiner Heimatstadt Neustadt, wo er bei Ernst Derra zeichnen und modellieren lernte. 1901 ging er an die Akademie der Bildenden Künste in München und studierte zusammen mit Wassily Kandinsky, Paul Klee, Hans Purrmann und Albert Weisgerber in der Klasse von Franz von Stuck. Sein erster Beitrag zum SIMPLICISSIMUS erschien 1907 in der zwölften Ausgabe. Später wurde er ein ständiger Mitarbeiter dieser Zeitschrift und der führende satirische Kritiker der Weimarer Republik; 1913 gründete er zusammen mit Bernard Blecker, Alexej von Jawlensky und Paul Klee die *Neue Münchner Sezession*. 1914 ging er zur Armee; seine Zeichnungen wurden in der *Liller Kriegszeitung* veröffentlicht, seine *Kriegsflugblätter* wurden in Deutschland ein voller Erfolg.

Zwischen den Kriegen arbeitete er für verschiedene Illustrierte; als die Nazis an die Macht kamen, wurden einige seiner früheren Arbeiten verboten. Als sein Atelier 1945 zerstört wurde, gingen viele seiner Arbeiten verloren. Er starb 1953.

in Prag ein ganzer Raum den Werken von John Heartfield gewidmet; der deutsche Botschafter protestierte, und einige von Heartfields Arbeiten wurden von der Polizei konfisziert. Im gleichen Jahr veröffentlichte Sergei Tretjakow in Moskau die erste Monographie über Heartfield. 1938 weigerte sich die tschechoslowakische Regierung, Heartfield nach Deutschland auszuliefern; mit Hilfe von Ernest Hemingways Frau, der Journalistin Martha Gellhorn, und einem englischen Reporter, Eric Gedye, gelang es Heartfield, von Prag nach England zu entkommen. Nach der deutschen Besetzung der Tschechoslowakei im März 1939 wurden fünf Schachteln mit Heartfields Arbeiten in den Fluß Vltava geworfen. Im Dezember 1939 fand in der Arcade Gallery in London eine Ausstellung statt, in der die ihm verbliebenen Werke unter dem Titel ›Ein-Mann-Krieg gegen Hitler‹ gezeigt wurden. Aber 1940 wurde Heartfield als feindlicher Ausländer in verschiedenen Lagern interniert, und er wurde erst auf Intervention des Unterhauses wegen einer schweren Krankheit freigelassen. Er verbrachte fünf Jahre als freiberuflicher Designer für mehrere Verlage in London, arbeitete unter anderem für Allen Lanes *Penguin books*, ehe er nach Berlin in die Deutsche Demokratische Republik zurückkehrte, wo er 1968 starb. Heartfields Werk war in hohem Maße innovativ, provozierend und umstritten. Moderne Werbemethoden beeinflußten seine Werke, er arbeitete mit scharfen Kontrasten, wagte es, zu schockieren, und versuchte trotzdem, von einem möglichst großen Publikum verstanden zu werden.

Heartfield und Grosz hatten schon 1915 mit Fotocollagen experimentiert; Heartfield sagte später, mit dem Zeichenstifte hätte er den Krieg, den er so sehr verabscheute, nicht mehr adäquat darstellen und anprangern können. Eine ähnliche Ansicht – nämlich daß man mit konventionellen künstlerischen Mitteln das zwanzigste Jahrhundert nicht angemessen beschreiben könne – hatte, 1912 schon, Kurt Tucholsky vertreten: »Wir brauchen viel mehr Fotografien. Keine Agitation kann effektiver sein... Nichts beweist mehr, nichts regt mehr auf als diese Bilder... durch Kontrast und Nebeneinanderstellen. Und mit wenig Text.«[3] Heartfield war der erste Künstler, der verstand, was für Möglichkeiten sich durch das Kontrastieren von mehreren Fotografien eröffnete. Eine neue Wirklichkeit entstand, wenn heterogenes fotografisches Material benutzt wurde, das so ein scharfes Licht auf den Alltag der Gesellschaft warf.

›Die Last des Hakenkreuzes‹, David Low, EVENING STANDARD, 29. Juni 1933

Die Zerstörung der Weimarer Republik

Die unglückseligen Völker in Mitteleuropa, die zu viele Schlachten verloren haben oder die nie gekämpft haben, deren Vergangenheit voll ist von nichterfüllten Versprechungen, die unter fremder Herrschaft zu leiden hatten, sie alle kennen den Mythus von einer Armee, die für alle Ewigkeiten in einer großen Höhle in einem Berg schläft. Aber im Augenblick höchster Gefahr für die Nation wird sie von einem charismatischen Führer geweckt werden und dem so lange leidenden Volk zu Hilfe eilen. Auch in der deutschen Volkskunde existiert ein solcher Führer und eine Armee, die tief im Berge schläft. Zwischen Hitler, seiner Bewegung und diesem Mythus gibt es einen Zusammenhang. Alle faschistischen Führer wurden als Männer dargestellt, die lange und gründlich über das Unglück ihres Volkes nachgedacht – und die die ersehnte Lösung parat hatten. Hitlers Partei war eine Partei der Krise. 1923, als Hitler in München zum ersten Mal versuchte, die Macht an sich zu reißen, hatten die Franzosen das Ruhrgebiet besetzt. Nach dem gescheiterten Novemberputsch wurde Hitler zu einer Gefängnisstrafe verurteilt; im Gefängnis schrieb er *Mein Kampf.* In diesem Buch finden sich Reflexionen über das Unglück seines Volkes und Vorschläge, wie man die Lage des deutschen Volkes verbessern könnte. Nach seiner Freilassung machte er sich daran, die Partei neu zu formieren, er säuberte sie von allen demokratischen Elementen der früheren Periode und gab ihr eine strikt autoritäre Organisationsform mit einem einzigen Führer, ihm selbst. Jedoch hatte 1928 die Partei nur 60000 Mitglieder, und in den Reichstagswahlen desselben Jahres hatte sie nur zwölf Sitze gewonnen – weniger als die Hälfte, die sie angestrebt hatte. Hitlers Chance kam, durch Zufall, 1929. Die Reparationsfrage rückte

›Hitler,
der Nationalmarxist‹,
Karl Arnold,
SIMPLICISSIMUS, 1930

Es gab eine Zeit, in der nicht ganz klar war, ob die Nationalsozialisten nicht eher Sozialisten als Nationalisten waren. Arnold kommentiert die marxistischen Entlehnungen der Partei mit dem Text: »Adolf, Adolf! Gib den Sozis meine Theorien wieder!«

in jenem Jahr wieder in den Vordergrund und die Weltwirtschaftskrise erfaßte auch Deutschland mit voller Wucht.

Alfred Hugenberg, ein skrupelloser alter Mann, in der Sprache der Nazis ein ›grauer vermotteter Adler‹, hatte 1928 die Führung der extrem rechtsstehenden Deutschnationalen Volkspartei übernommen, und er glaubte, die agitatorischen Fähigkeiten Adolf Hitlers für seine Zwecke ausnützen zu können. Hugenberg hatte sich ein riesiges Presse- und Filmimperium aufgebaut, und er trug viel dazu bei, den Aussöhnungsprozeß zwischen der Rechten und der Weimarer Republik zu beenden. Hitler ließ sich zu einem Bündnis mit Hugenberg überreden unter der Bedingung, daß er in der Propaganda völlig unabhängig bliebe und einen beträchtlichen Anteil der zur Verfügung stehenden Mittel erhalte. Gregor Strasser, dessen antikapitalistische Ansichten wohlbekannt waren, wurde Hitlers Stellvertreter im gemeinsamen Finanzierungsausschuß. Mit der Unterstützung von Hugenbergs riesiger Organisation erhielt Hitler schnell die Publizität, die er zuvor vergeblich gesucht hatte, aber Hugenberg glaubte törichterweise immer noch, daß er seinen neuen Verbündeten für seine eigenen Zwecke gebrauchen könne.

Hitlers kleine extremistische Partei, die zu jener Zeit eher lächerlich als ehrfurchtgebietend wirkte, hatte nun nicht nur Zugang zu finanziellen Mitteln, sondern auch zu ihr wohlgesonnenen Massenmedien gefunden. Diese wurden von dem effektiven und raffinierten Propagandaapparat der Partei dazu benutzt, um einen Angriff auf breiter Front gegen die konstitutionelle Natur der Weimarer Republik durchzuführen. Hitler wurde rasch zu einer bekannten politischen Figur, die noch genügend Zeit erübrigen konnte, die Parteiembleme und die Ausrüstung zu formalisieren. Er konnte es sich leisten, in München einen Palast für die Parteizentrale zu kaufen, und gemeinsam mit dem Architekten verbrachte er viel Zeit darauf, die Innenausstattung zu planen und zu entwerfen. Barlows Palast wurde dann nach Hitlers Lieblingsfarbe, der Farbe der SA-Uniformen, in ›Braunes Haus‹ umgetauft. Hitlers Büro war mit einer Büste von Mussolini, einem Portrait Friedrichs des Großen und einem Gemälde, das einen Angriff von Hitlers Regiment in Flandern während der Offensive im Ersten Weltkrieg darstellte, ausgestattet. Im Keller des Braunen Hauses gab es eine Wirtsstube mit einem eigenen ›Führerplatz‹.

Im Februar 1930, nachdem er mit Hugenbergs Konservativen gebrochen hatte, sagte Hitler voraus, daß der Sieg der Nationalsozialisten in spätestens drei Jahren eintreten werde. Im März veröffentlichte die Partei ein Agrarprogramm, das dem ›vornehmsten Stand des Volkes‹ huldigte und ihm zugleich großzügigste Subventionierung versprach. Im September 1930 stand die Zahl der Arbeitslosen bei etwas über drei Millionen; im Januar 1932 waren mehr als sechs Millionen Arbeitslose registriert: etwa jede zweite Familie im Land war unmittelbar betroffen. Hitler nützte die wirtschaftliche Lage skrupellos aus, schob die Schuld daran auf den Kapitalismus, den Kommunismus, die Juden, die Weimarer Republik. Die Republik zeigte Verfallserscheinungen: im Frühjahr 1930 zerbrach die Große Koalition, und fast alle politischen Parteien flohen in die Opposition. Hitlers NSDAP, die bestorganisierteste, die lautstärkste und die

›Der Bestseller‹, L. Raven-Hill, PUNCH, 4. Oktober 1933 (links) und ›Barlons Vrançais‹ (Schbrechen wir vranzösisch), Paul Iribe, 1933 (unten)

Von ›Mein Kampf‹ wurden in Hitlers erstem Amtsjahr tatsächlich 1 Million Exemplare verkauft.

beständigste Partei der Opposition, nahm jeden mit offenen Armen auf, der sich aufnehmen lassen wollte, und fragte nicht nach Klasse, Alter oder Motiven. Der ›versinkende Mittelstand‹ – Büroangestellte, Händler und Kleinunternehmer – und die Bauern suchten ihr Heil in der Partei. Hitler, der merkte, daß die Zeit gekommen war, zuzuschlagen, nutzte nun sein außergewöhnliches demagogisches Talent voll aus, um große Teile des Volkes für sich zu gewinnen.

Durch die wirtschaftliche Krise gelangen den Nazis auch ihre ersten Erfolge bei den Arbeitern. Die sozialrevolutionären linken Nazis unternahmen unter der Führung von Gregor Strasser ihren letzten Versuch, die Partei davor zu bewahren, ein Sammelbecken für kleinbürgerliche Antisemiten zu werden, aber es gab auch Hinweise – vor allem nach dem Bruch mit Hugenberg –, daß Hitler selbst einen

Schwenk nach links machte. Karl Arnolds Zeichnung im SIMPLICISSIMUS spielt darauf an: Der Cartoon trägt den Titel ›Hitler – der Nationalmarxist‹, im Bild ist der Geist Karl Marx' abgebildet, der Hitler auffordert, seine Theorien den Sozialisten zurückzugeben. Wo die Partei versagte, hatte die SA Erfolg. Sie erwies sich als ein Auffangbecken für die Arbeitslosen, die in Hamburg zum Beispiel sechzig Prozent der SA Mitglieder ausmachten. Und da das Fußvolk der SA immer stärker anwuchs, kam es zunehmend zu brutaleren Zusammenstößen mit den Kommunisten, die sich auf ihrem eigenen Territorium herausgefordert fühlten.

Bei den Wahlen im September 1930 zeichnete sich das Ende der Regierung der demokratischen Parteien in der Weimarer Republik ab, und Hitler kam der Macht wieder ein Stück näher. Seine Partei erhöhte ihren Stimmenanteil auf 6,4 Millionen, zwei Jahre vorher hatte sie nur 810000 Stimmen erhalten. Sie war, nach den Sozialdemokraten, die zweitgrößte Partei im Reichstag und erhielt 107 Mandate, und ihr Ziel war es, das System, das sie nach oben kommen lassen hatte, zu zerstören. Die Frage nach sozialistischem Engagement stellte sich Hitler und seiner Partei nicht mehr. Die Strasserkri-

›Betriebsstörung, eine erfreuliche Erscheinung!‹, Oskar Garvens, 1932

Garvens kommentiert die Vielzahl der Parteien in der Weimarer Zeit; keine konnte allein eine Mehrheit im Reichstag erhalten, und die parlamentarische Demokratie wurde funktionsunfähig. In der Mitte des Rades steht Michel, Prototyp der Deutschen, der an den Vorgängen alles Interesse verloren hat.

David Low, ›Klein Adolf mit dem Kaiserbart‹, EVENING STANDARD, 1930 (rechte Seite)

In seinen frühen Cartoons konnte Low Hitler einfach nicht ernst nehmen.

se, die schon vor der Wahl beigelegt worden war, hatte die endgültige Niederlage des sozialrevolutionären Flügels der Partei bedeutet: Als Otto Strasser am 4. Juli seinen Parteiaustritt bekanntgegeben hatte, war ihm keiner gefolgt. Unter dem Titel: ›Sechs Millionen Naziwähler: Futter für ein großes Maul‹ zeigte John Heartfield einen kleinen Fisch, der ›mit Gott für Hitler und Kapital‹ von einem großen Fisch, dem Kapitalismus und dem Nationalsozialismus, verschluckt wird. In einer anderen Fotomontage sagte Heartfield das Ende des Parlaments voraus: Großkapital, die Kirche und Naziparteiembleme auf dem Sitz des Vorsitzenden vor der leeren Kammer. Zeichnung und Text ergeben ein doppeltes Wortspiel. Die Unterschrift lautete: »Das blieb vom Jahre 1848 übrig! So sieht der Reichstag aus, der am 13. Oktober eröffnet wird.« Heartfield spielt auf das Scheitern des Revolutionsparlaments von 1848 an, aber auch auf den Paragraphen 48 der Weimarer Verfassung, die dem Präsidenten der Republik Notverordnungsrechte zugestand. Kurt Tucholsky, der Satiriker, sagte damals über Hitler: »Den Mann gibt es gar nicht; er ist nur der Lärm, den er verursacht.« In einem der ersten antinazistischen Cartoons, die in England erschienen, stellte David Low im EVENING STANDARD einen

›Lasset die Kindlein zu mir kommen!‹, Willi Geiger (oben)

Geiger spielt auf Hitlers Vorliebe an, sich mit Kindern zu umgeben.

›Deutsche Erziehungsprinzipien‹, Josef Čapek, 14. Mai 1933 (rechts)

Erziehung im Dritten Reich sollte nach Hitler aus einer spartanischen, militärischen und politischen Ausbildung bestehen, die im Militärdienst ihren abschließenden Höhepunkt findet.

Zusammenhang her zwischen einem auf die Größe eines Kindes reduzierten Hitler und der Kaiserzeit. Klein-Adolf führt seinen Eltern allerlei Kunststücke vor und probiert auch den Kaiser-Wilhelm-Bart an.

Obwohl die Ungewißheit über die sozialistischen Neigungen der Nationalsozialistischen Partei beigelegt worden waren, erschienen Hitler und seine nun enorm erfolgreiche Bewegung den deutschen Betrachtern noch undurchsichtiger. Lediglich die Gründe für Hitlers Erfolg wurden von den Karikaturisten mit sicherer Hand aufgegriffen, seine Absichten, seine skrupellose Zielstrebigkeit weniger. 1932, nachdem Hitler im Industrieklub gesprochen hatte, zeigte ein Cartoon in der Sozialdemokratischen Tageszeitung VORWÄRTS Hitler als Werkzeug des Großkapitals: die dargestellte Marionette gab immer noch vor, den Kapitalismus zu bekämpfen. John Heartfield behandelte dasselbe Thema, aber noch deutlicher, ohne dabei zu implizieren, daß Hitler in irgendeiner Weise manipuliert wurde: Hitlers Worte »Millionen stehen hinter mir« wurden in der Fotomontage ›Der Sinn des Hitlergrußes‹ gekonnt umgedeutet.

Willi Geiger attackierte Hitlers demagogischen politischen Stil sowie seinen Trick, sich mit Kindern zu umgeben, in der Zeichnung ›Lasset die Kindlein zu mir kommen!‹. Hitlers Partei und die SA waren jung. Im Jahre 1931 waren gut siebzig Prozent der SA-Mitglieder in Berlin unter dreißig, und fast vierzig Prozent aller Parteimitglieder gehörten derselben Altersgruppe an. Etwa sechzig Prozent aller nationalsozialistischen Abgeordneten im Reichstag waren jünger als vierzig; im Gegensatz dazu waren nur zehn Prozent der sozialdemokratischen Abgeordneten unter vierzig. Hitler war bei den

Das tote Parlament

DAS BLIEB VOM JAHRE 1848 ÜBRIG!

›Das tote Parlament‹, John Heartfield, 8. Oktober 1930 (oben)

Das Bild enthält zwei Anspielungen: Es verweist auf das Frankfurter Parlament von 1848 und auf den Paragraphen 48 der Weimarer Verfassung, der dem Reichspräsidenten, wenn »die öffentliche Sicherheit erheblich gestört oder gefährdet war«, die Vollmacht gab, die Verfassung außer Kraft zu setzen. Die vollständige Bildunterschrift lautet: »Das blieb vom Jahre 1848 übrig! So sieht der Reichstag aus, der am 13. Oktober 1930 eröffnet wird.«

›S. M. Adolf‹, John Heartfield, 24. August 1932 (rechts)

Nach dem Wahlsieg im Juli 1932 wollte Hitler Reichskanzler werden. Heartfield glaubte, daß damit der politische Ehrgeiz Hitlers befriedigt sei.

›Millionen stehen hinter mir – Der Sinn des Hitlergrußes‹, John Heartfield, 16. Oktober 1932 (rechts außen)

Heartfield zeigt Hitlers Abhängigkeit von kapitalistischen Geldgebern, ohne jedoch auf irgendeine Weise auf Unterwürfigkeit gegenüber seinen Wohltätern hinzuweisen.

Wahlen im Jahre 1930 erst einundvierzig Jahre alt; Karl Kaufmann wurde mit fünfundzwanzig Jahren Gauleiter, Goebbels mit achtundzwanzig. Himmler war genauso alt, als er zum Reichsführer-SS – der Schutzstaffel, ursprünglich Hitlers persönliche Leibwache – ernannt wurde. Baldur von Schirach wurde im Alter von sechsundzwanzig Jahren Reichsjugendführer.[1]

Die Dynamik und die rein physische Energie der Partei standen außer Frage, aber es war immer noch offen, was die wirklichen Ziele der Partei waren. Hitler sagte der Weimarer Republik in einer Rede den Kampf an, in der nächsten schwor er ihr Treue; er bot den Männern, die das Tor zur Macht bewachten – Hindenburg und die Armee – seine Zusammenarbeit an, nur um sie kurz darauf zu attackieren und von ihnen mit fester Stimme zu fordern, sie müßten ihm schon entgegenkommen. In Hitlers plötzlichem Umschwenken

S.M. ADOLF

Ich

Euch herrlichen Pleiten entgegen!

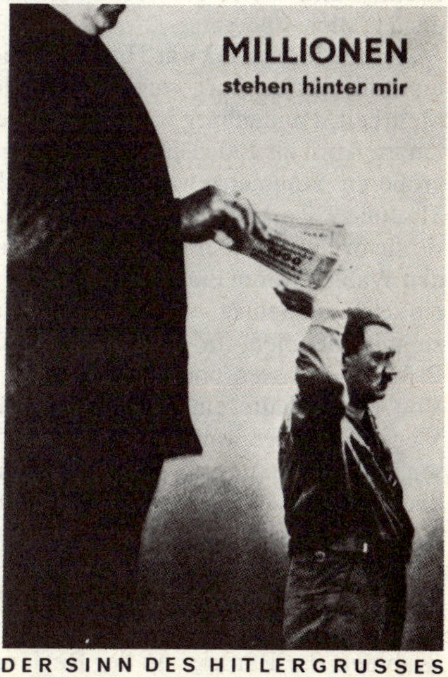

DER SINN DES HITLERGRUSSES

steckte sicher viel taktische Berechnung, aber unter der kalten Kalkulation lagen Unsicherheit und die Unfähigkeit, etwas direkt anzugehen, eine Charakterschwäche von Hitler. Es war unentschlossen: Er ging Risiken ein, ohne die kurz- oder mittelfristigen Resultate zu kalkulieren. Er zog die extremen Alternativen vor – entweder den Putsch oder die Politik ganz aufgeben.

Statt die Weimarer Republik kontinuierlich anzugreifen, wählte Hitler den umständlicheren, aber politisch einfacheren und erfolgversprechenderen Weg, das Weimarer ›System‹ zu zerstören, indem er die politischen Parteien, insbesondere die Sozialdemokraten und die Kommunisten, attackierte. In den letzten beiden Jahren der Republik gelang es ihm, die Straßen Deutschlands im wörtlichen Sinne in ein Schlachtfeld zu verwandeln. Er sagte, den bürgerlichen Parteien gehe es nur um den Wahlsieg, für die Nationalsozialisten stehe aber mehr auf dem Spiel: »Wir erkennen ganz genau, daß, wenn der Marxismus siegt, wir vernichtet werden; wir erwarten auch gar nichts anderes; allein, wenn wir siegen, wird der Marxismus vernichtet, und zwar auch restlos.«[2]

Am 13. März 1932 war Hitler Kandidat in der Reichstagspräsidentenwahl; Hindenburg siegte, verfehlte jedoch knapp die absolute Mehrheit. Hindenburg wurde mit Unterstützung der Sozialdemokraten im April als Reichspräsident wiedergewählt, obwohl Hitler einen größeren Stimmenzuwachs erzielte. In den Reichstagswahlen am 31. Juli 1932 erhielten die Nazis 230 Sitze, mehr als doppelt so viel, als sie zuvor hatten, aber sie hatten immer noch nicht die Mehrheit. Vor den Wahlen waren die SA und die SS verboten worden: für die Partei ein schwerer Schlag, aber Hitler beschloß, nichts gegen dieses Verbot zu unternehmen. In der Zwischenzeit hatte Hindenburg Kanzler Brüning entlassen und von Papen zu seinem Nachfolger bestimmt. Von Papen hatte einen etwas leichtfertigen, sorglosen Charakter: Wegen Sabotage war er 1916 aus den Vereinigten Staaten ausgewiesen worden, wo er als Militärattaché in Washington gearbeitet hatte, dann hatte er es auch noch fertiggebracht, geheime Unterlagen so unterzubringen, daß sie den Briten in die Hände fielen. Aber von Papen hatte gute Verbindungen, und man erwartete, daß er in der Lage sei, eine Koalitionsregierung zu bilden. Da er weder eine politische Grundlage noch Erfahrung hatte, bildete von Papen das ›Kabinett der Barone‹. In der Regierung saßen sieben Adlige, zwei

›Der ‚Kreuzweg' des Deutschen‹, Paul Thesing

Paul Thesing greift in dieser – allerdings schwächeren – Zeichnung dasselbe Thema auf wie Low (vergleiche Seite 66). Jedoch sahen nur sehr wenige Deutsche ihre Zukunft auf diese Weise. Hitler war auf legalem Weg an die Macht gelangt, es war, wie er selbst betonte, »eine der unblutigsten Revolutionen der Weltgeschichte«.

Konzerndirektoren, ein General und ein ehemaliger Protektor Hitlers. Weder der Mittelstand noch die Arbeiterklasse waren in dieser erlesenen Gruppe vertreten.

Oskar Garvens (1874–1951), Bildhauer und Maler sowie ein regelmäßiger Mitarbeiter der satirischen Zeitschrift KLADDERADATSCH, kommentierte 1932 das ›parlamentarische Narrenhaus‹ mit dem Cartoon, der die Bildunterschrift ›Betriebsstörung: eine erfreuliche Erscheinung!‹ trägt. Der deutsche Michel steht im Zentrum des Riesenrads, das hier die Vielzahl der Parteien und ihre wechselnde politische Fortune darstellt, aber er hat aufgegeben, es weiter zu drehen, und die Nazis sind zu ihrer eigenen Überraschung und Freude

›Nationalsozialisten und Kapitalisten‹, VORWÄRTS, 1932 (rechts) und ›SOS. Deutschnational‹, Karl Arnold, Dezember 1929 (oben)

Die Zeichnung im SPD-Parteiblatt ›Vorwärts‹ ist so unbeholfen wie irreführend; noch 1932 stellt sie Hitler als Werkzeug in den Händen der Kapitalisten dar. Arnold hatte die Beziehung zwischen Nazis, politisch rechts stehenden Monarchisten und Industriellen schon richtig erkannt. Der Text dazu lautet: »Man spielt nicht ungestraft mit dem Parteifeuer!«

oben stehen geblieben. Der deutsche Michel tritt auch in Karl Arnolds Zeichnungen in Erscheinung, als Arnold in der letzten Phase der Weimarer Republik sich noch einmal daranmachte, die Nazis zu verspotten. Der Nazislogan ›Deutschland, erwache!‹ ist der Titel von einer seiner Zeichnungen mit dem Text: »Unnötiges Geschrei, ihr jungen Leute! Ich kann schon seit 1914 nicht mehr schlafen!« Die Qual der Wahl, die durch unklare politische Aussagen noch vergrößert wurde, dominiert in Arnolds Cartoons, und das entsprach genau der deutschen Wirklichkeit. In einem anderen seiner Cartoons sieht man das Mädchen Germania vor einem Spiegel. Sie kann sich nicht entscheiden, welche der vielen Kopfbedeckungen, die um sie herumliegen und die die verschiedenen politischen Parteien symbolisieren, zu ihr paßt. In noch einer anderen Zeichnung sagt Michel, der offensichtlich sehr arm ist, zu den wunderhübschen Verführerinnen,

›Germania‹, Karl Arnold, SIMPLICISSIMUS, 1932

Kurz vor der nationalsozialistischen Machtübernahme weist Arnold auf die Verwirrung der deutschen Bevölkerung hin, die mit so vielen politischen Parteien konfrontiert wird. Germania, nur mit einem ausgefransten Hemdchen bekleidet, probiert einen Helm aus dem Ersten Weltkrieg an, eine der vielen Kopfbeckungen, die um sie herumliegen, und sagt: »Nichts zum Anziehen, aber ständig in Sorge um die neue Hutmode.«

die ihm Kronen verschiedenster politischer Couleur anbieten: »Schönen Dank für ihr Angebot, meine Damen, aber ich habe zur Zeit kein Hemd mehr zum wechseln!« Hitlers eigene unklare Rolle wurde in einem Cartoon von Thomas Theodor Heine dargestellt. Zur Zeit der Reichspräsidentenwahl 1932 tröstet er Hitler über die Niederlage mit den Worten: »Mach dir nichts draus, Adolf! In Deutschland tötet die Lächerlichkeit nicht. Wenn's mit dem Wachtmeister schief gegangen ist, versuchen wir's eben mit der Reichspräsidentschaft!« Hitlers ehrgeizige Ziele werden auch in John Heartfields Bild ›Seine Majestät Adolf‹ dokumentiert, das die Unterschrift: »Ich führe Euch herrlichen Pleiten entgegen!« trägt. Karl Arnold zeigt in der Zeichnung ›Laßt uns Denkmäler bauen!‹ Hitler in drei Rollen: Auf dem Karolinenplatz in München wird eine Statue von Hitler als ›bekanntem Soldaten‹ errichtet, er posiert als ›Salome‹, die einen Juden neckt,

›Trost‹,
Thomas Theodor Heine,
SIMPLICISSIMUS, 1931/32

Der Text dazu lautet: »Mach dir nichts draus, Adolf! In Deutschland tötet die Lächerlichkeit nicht. Wenn's mit dem Wachtmeister schiefgegangen ist, versuchen wir's eben mit der Reichspräsidentschaft!«

und er wird als ›mechanischer Trommler‹ dargestellt, der, wenn man einen Vierling (Münze) einwirft, anfängt, die National-Marseillaise zu spielen. Juden ist der Einwurf verboten.

Von Papen, von dem so viel erwartet worden war, gefiel am Ende überhaupt keinem. Bei einem Treffen mit von Papen am 18. Januar 1933 forderte Hitler das Amt des Kanzlers für sich. Arnold kommentiert die Beziehung zwischen den beiden Männern in ›Der Chef auf Tour‹ mit den Worten: »Karte genügt, komme sofort!« Die anderen Parteien schauen zu. Und Hitler kam zurück, als neuer Kanzler, am 30. Januar 1933. Er kam durch ein Hintertürchen und mußte ein Kabinett akzeptieren, das fest vorhatte, ihn zu zügeln, ihn einzuschränken. (Papen hatte diejenigen, die ihn vor Hitler warnen wollten, mit den Worten »Sie irren sich, wir haben ihn uns engagiert« zurückgewiesen.) In der neuen Regierung saßen nur drei Nationalsozialisten gegen acht Konservative. Aber diese sahen ihre Aufgabe darin, die traditionellen Privilegien ihres Standes zu verteidigen, nicht politische Werte, wodurch sie Hitler in seine Schranken verwiesen hätten. Der deutsche Historiker Oswald Spengler sagte 1933: »Das war kein Sieg, denn die Gegner fehlten.« Er fügte dann jedoch dazu:

Aber das darf heute schon gesagt werden: Der nationale Umsturz von 1933 war etwas Gewaltiges und wird es in den Augen der Zukunft bleiben, durch die elementare, überpersönliche Wucht, mit der er sich vollzog, und durch die seelische Disziplin, mit der er vollzogen wurde. Das war preußisch durch und durch, wie der Aufbruch von 1914, der in einem Augenblick die Seelen verwandelte. Die deutschen Träumer erhoben sich, ruhig, mit imponierender Selbstverständlichkeit, und öffneten der Zukunft einen Weg.[3]

Paul Thesing interpretierte dieses Ereignis in seinem Cartoon »Der ›Kreuzweg‹ der Deutschen«; dieselbe Ansicht drückte auch David Low in einem Cartoon aus, der am 29. Juni 1933 im EVENING STANDARD erschien. Einige Monate bevor Hitler an die Macht kam, im Mai 1932, zeigte das Titelbild des SIMPLICISSIMUS, gezeichnet von Karl Arnold, ganz deutlich, was für eine Art Regime Hitler vermutlich errichten würde. Es stellt den Schatten Friedrichs des Großen hinter einem grimmig dreinblickenden Hitler dar. Die Bildunterschrift kehrt den berühmten Ausspruch des preußischen Königs »In Meinem Staate kann jeder nach Seiner Façon selig werden« um in »In Meinem Staate kann jeder nur nach Meiner Façon selig werden«. Unmittelbar nachdem er Kanzler geworden war, benutzte Hitler seine Privatarmee, um mit den schon früher angewandten terroristischen Methoden seine Macht abzustützen und seine Gegner einzuschüchtern. Zwar wurden einige dieser kriminellen Aktivitäten strafrechtlich verfolgt, aber längst nicht alle. Der tschechische Karikaturist Bidlo zeigte in mehreren Cartoons das Verbrecherische an Hitlers Regime und die kriminellen Handlungen der SA. Nach allgemeinem Enthusiasmus sah das nicht aus.

Nur fünf Tage, nachdem Hitler Kanzler geworden war, wurde eine Notverordnung ›zum Schutze von Volk und Staat‹ veröffentlicht. Politische Versammlungen und Zeitungen gegnerischer Parteien konnten auf den geringsten Verdacht hin verboten werden. Die Geheime Staatspolizei, die Gestapo, wurde errichtet, und die Kommunisten waren ihre ersten und wichtigsten Opfer. Die legale Revolu-

›Deutschland, das sauberste Land der Welt!‹, František Bidlo

In den ersten Jahren des Dritten Reichs wurde mit den wenigen, die das Regime bekämpften, kurzer Prozeß gemacht, wie Bidlos Cartoon zeigt.

tion war im Gange: Der Reichstagsbrand vom 27. Februar gab ihr zusätzlichen Antrieb, aber auch ohne ihn wäre sie durchgeführt worden. In derselben Nacht wurden rund 4000 Menschen verhaftet: Kommunisten, Schriftsteller, Ärzte, Rechtsanwälte. Am folgenden Tag legte Hitler dem Reichspräsidenten Hindenburg eine neue Notverordnung vor. Darin wurden sämtliche wichtigen Grundrechte, einschließlich der Habeas-Corpus-Rechte, abgeschafft, der Anwendungsbereich der Todesstrafe erweitert und die Position der Reichsregierung auf Kosten der Länder verstärkt. Die Männer, die Hitler im Kabinett in seine Schranken verweisen sollten, einschließlich von Papen, machten die Vollendung der Nazirevolution möglich. Die konstitutionelle Regierung war hiermit abgeschafft, man regierte von nun an mit Notverordnungen.

Trotz aller Anstrengungen erzielten die Nazis in den letzten deutschen Wahlen vor Ende des Zweiten Weltkriegs, am 5. März 1933, nicht den Erfolg, auf den Hitler gehofft hatte. Sie verfehlten die Mehrheit im Reichstag um fast vierzig Sitze. Sie gewannen 288 Sitze und nur mit den 52 Sitzen ihrer deutschnationalen Koalitionspartner

›Heil Preußen!‹, Karl Arnold, SIMPLICISSIMUS, Mai 1932 (links) und ›Laßt uns Denkmäler bauen!‹, Karl Arnold, 1932 (rechts)

Arnold spielt darauf an, daß sich Hitler als Nachfolger Friedrichs des Großen verstand. Hitler erklärt: »In meinem Staate kann jeder nur nach meiner Façon selig werden«, eine Umkehrung des bekannten Ausspruchs Friedrichs des Großen. Rechts schlägt Arnold einige passende Denkmäler für Hitler vor: ›Der bekannte Soldat‹, ›Salome‹ oder ›Mechanischer Trommler‹.

verfügten sie über eine knappe Mehrheit, die Zentrumspartei erhielt 73 Sitze und die Sozialdemokraten 120. Die Kommunisten mußten nur 19 Sitze einbüßen, aber sie hatten immer noch 100 Sitze. Hitler erklärte in einer Kabinettssitzung, daß die Wahl eine Revolution gewesen sei, und innerhalb von vier Tagen, beginnend mit dem 7. März, rissen die Nazis in einer Serie von Staatsstreichen die Macht in den Ländern an sich. Am 21. März sollte der neue Reichstag eröffnet werden, und Hitler und sein Propagandaminister Goebbels inszenierten ein beeindruckendes Zeremoniell, das das neue Deutschland mit dem alten zu versöhnen suchte. Hindenburg und Hitler gaben sich auf den Treppen der Garnisonskirche in Potsdam die Hand; dieses Symbol der nationalen Aussöhnung wurde millionenfach in Zeitungen und auf Plakaten verbreitet. Hitler sagte, daß er ohne den Segen des alten Herrn die Macht nicht gewollt hätte. Die endgültige Zerstörung der Reste der Weimarer Republik konnte nun mit Leichtigkeit vollendet werden.

TROMMLER, SPIELT NACH EINEM ENTWURF EINES VIERLINGS DIE NATIONAL-MARSEILLAISE
(JUDEN IST DER EINWURF VERBOTEN)
SALOME
DER BEKANNTE SOLDAT
DER NEUE OBELISK
AM KAROLINENPLATZ IN MÜNCHEN
KA

THOMAS THEODOR HEINE, der Mitbegründer der satirischen Zeitschrift SIMPLICISSIMUS, wurde 1867 geboren. Heine war von allen Künstlern derjenige, der das Schicksal der Zeitschrift entscheidend mitbestimmte und sowohl ihren künstlerischen, als auch politischen Inhalt wesentlich beeinflußte. In den Jahren, in denen er für die Zeitschrift arbeitete, fertigte er über 2500 Zeichnungen an. 1933 ging er in die Emigration. Über Prag gelangte er nach Schweden, wo er 1948 starb. Er schrieb einen autobiographischen Roman mit dem Titel ›Ich warte auf ein Wunder‹, der 1945 veröffentlicht wurde.

›Nationalsozialistische Erziehungsprinzipien, Teil II‹, Josef Čapek, 14. Mai 1933 (rechts)

Čapek setzt mit dieser Karikatur seine Bemerkungen zum Zusammenhang zwischen nationalsozialistischer Erziehung und Brutalität fort. Er zitiert dabei den Innenminister Frick, der gesagt hatte, daß der Zusammenbruch des Marximus und der Sieg des Nationalsozialismus die Grundlage des Geschichtsunterrichts bilden müsse.

›Allgemeine Begeisterung‹, Fulk (unten)

Hier sieht man den wahren Grund für die Popularität der Nazipartei.

›Sie werden lachen – ich weiß von nichts‹, Bodo Gerstenberg, 1945

Diese Karikatur bezieht sich auf Görings naive Vorstellung, daß er am Kriegsende mit den Alliierten verhandeln könne.

Die Führer des neuen Deutschland

Hitlers Position im Staat und in der Partei war unangreifbar. Er mag zwar gelegentlich gezögert haben, wenn ihm mehrere Vorgehensweisen offenstanden, aber in seinem Machtstreben war er bis zum Letzten entschlossen. Politik und menschliche Beziehungen waren für ihn lediglich eine Frage der Machtverhältnisse, Propaganda, für ihn ein politischer Schlüsselbegriff, zielte darauf ab, die Willensfreiheit der Menschen zu beeinträchtigen. Im Grunde sah er das ganze Leben in hierarchischen Begriffen: wer wem Befehle geben konnte. Hitler war völlig außerstande, die Rechte anderer oder ihr Streben nach Glück zu begreifen. Wenn er überhaupt zu Gefühlen wie Zuneigung oder Mitleid fähig war, so gelang es ihm hervorragend, diese zu unterdrücken. Er zog Leute vor, setzte sie zurück, ja spielte mit ihnen. Dabei ging er äußerst kaltblütig vor, sein Weg war mit Leichen besät. Allerdings gab es auch andere, die für die Anstrengungen, die sie zugunsten seines Aufstiegs unternommen hatten, reichlich belohnt wurden.

Ernst Röhm war einer von Hitlers engsten Mitarbeitern, und er hatte vielleicht mehr für die Partei und ihren Führer getan, als manch anderer. Er war ein kräftiger Mann mit einem stets geröteten Gesicht, das von einer Narbe gezeichnet war, und ein großes Organisationstalent; vom Temperament her hatte er etwas Draufgängerisches an sich. Seinen Freunden gegenüber – und er empfand für Hitler eine enge, sentimentale Freundschaft – war er so treu, wie Hitler treulos war. Er teilte die Menschen einfach in Zivilisten und Soldaten oder Feinde und Freunde ein. Er sagte seine Meinung frei und ohne Umschweife, war ein unverbesserlicher Homosexueller und schien nie von Gewissensbissen geplagt zu werden. Hitlers rednerische Fähigkeiten hatten ihn schon in den frühen Tagen in München beeindruckt, und er wurde als 623. Mitglied in die Partei aufgenommen. Röhm war damals im Range eines Hauptmanns als politischer Berater im Stab von Oberst von Epp und somit in der Lage, der jungen Partei viele Dienste zu leisten, er verschaffte ihr Waffen, finanzielle Mittel und Anhänger. Röhms Männer brachten einen militärischen Zug in die Partei und mehr als nur eine Spur von Gewalttätigkeit. 1923, nach dem geschei-

›Die Berliner Bande‹, Boris Efimov

Von rechts nach links: Rosenberg, Ley, betrunken, Ribbentrop, Himmler und Goebbels, der sich so eng wie möglich an Hitler anschmiegt, Heß, inkognito, und Göring, fett. Es scheint, daß der Cartoon aussagen soll, daß nur andere Deutsche solche Typen ernstnehmen können.

terten Novemberputsch, trennte sich Hitler jedoch von ihm, denn es war schwierig, ihn in die neue Parteikonzeption einzugliedern, in der die SA – die Sturmabteilung, die paramilitärische Abteilung, deren Führer Röhm gewesen war – der politischen Abteilung untergeordnet werden sollte. Ab 1925 stand die SA unter der Führung von Franz Pfeffer von Salomon, dessen Aufgabe es war, die SA nicht nach militärischen Prinzipien auszubilden, sondern nach den Erfordernissen der Partei. Röhm zog sich in der Zwischenzeit vom politischen Leben zurück und ging als Militärinstrukteur nach Bolivien. Pfeffer führte seinen Auftrag getreu aus, aber Rivalitäten innerhalb der SA und Pfeffers mangelndes Durchsetzungsvermögen führten dazu, daß er im Herbst 1930 zum Rücktritt gezwungen wurde, und Hitler übernahm die oberste Führung über die SA. Er rief Röhm von Bolivien zurück und übertrug ihm die Rolle des Stabschefs über die SA. Am Ende des Jahres 1932 hatte die SA 2,5 Millionen Mitglieder.

Hitlers Schritte nach Röhms Rückkehr waren stimmig. Hitlers Autorität innerhalb und außerhalb der Partei war – natürlich – größer als 1923, und Röhms Methoden entsprachen der politischen Situation in den letzten zwei, drei Jahren, ehe Hitler an die Macht kam. Nichtsdestoweniger begann Hitler, die SS, die 1929 nur 480 Mitglieder hatte, in eine Elitetruppe innerhalb der Partei auszubauen. In der SA ersetzte Röhm Pfeffers Offiziere durch seine eigenen, hauptsächlich homosexuellen Freunde, und nach Januar 1933 erhielt seine eigene braune Armee den Freibrief, in einem bisher nicht dagewesenen Maße zu verfolgen, zu foltern und zu morden (in den ersten neun Monaten nach der Machtergreifung wurden zwischen 500 und 600 Menschen ermordet und etwa 100000 in Konzentrationslager gebracht). Nach der Machtübernahme Hitlers festigten die meisten von Hitlers wichtigsten Gefolgsleuten, Goebbels, Göring, Himmler und Heß, ihre Machtpositionen, indem sie Staatsaufgaben übernahmen, aber Röhm ging seine eigenen Wege. Er versuchte, die alten, militärischen Ideale der SA wiederaufleben zu lassen und organisierte im ganzen Land pompöse Paraden. Die Mitgliederzahl der SA wuchs von 3,5 auf 4 Millionen an. Röhms Hauptziel war es, die zahlenmäßig kleinere Reichswehr in seine Armee einzugliedern. Zu diesem Zweck ließ er das militärische Ausbildungsprogramm verstärken, kaufte im Ausland Waffen für die SA, gleichzeitig kritisierte er das Regime, seine Außenpolitik und andere hohe Nazis.

›Alt Eisen... alt Lumpen‹, Stephen Roth (oben)

Als hochdekorierter Kampfpilot im Ersten Weltkrieg war Göring einst ›Der eiserne Mann‹ genannt worden, und er versuchte sehr, diesem Image gerecht zu werden. Roth macht sich darüber lustig, indem er ihn mit Orden und Medaillen behängt darstellt. Gleichzeitig läßt er ihn eine teure Zigarre rauchen, ein Symbol des Wohllebens, dem sich Göring hingab. Auf der Straße sammelt ein winzig wirkender Soldat ›altes Eisen‹. Es scheint passender, von ›alten Lumpen‹ zu sprechen.

›Supremer Obskurantismus‹, Boris Efimov, 1942 (rechte Seite)

Efimov zeigt Alfred Rosenberg als nordischen Krieger, der um ein Feuer tanzt, das mit Werken von Heine, Shakespeare, Darwin und anderen in Gang gehalten wird. In der einen Hand hält er ein Buch über die Rassentheorie, in der anderen einen Totempfahl vom Kult des Gottes Wotan.

Es kam zu dem Punkt, da weder Hitler noch die Generäle der Reichswehr Röhms Ehrgeiz länger tolerieren konnten. Schon im Juni 1933 hatte Hitlers Regierung damit begonnen, die SA-Schutzhaftlager aufzulösen und SA-Polizeiverbände zu verabschieden. Unzufriedenheit machte sich breit, und das Schlagwort von einer ›Zweiten Revolution‹ machte unter Röhms Männern die Runde: Sie waren der Meinung, daß sie sich für die Revolution verdient gemacht hatten und daß das Regime nun diese Verdienste nicht genügend würdigte. Röhm erzählte einem Freund: »Adolf ist gemein... Er geht nur noch mit Reaktionären um. Seine alten Genossen sind ihm zu schlecht. Da holt er sich diese ostpreußischen Generäle heran.«[1] In seiner beschränkten Art konnte er Hitlers taktische Schritte einfach nicht begreifen. Am 17. April 1934 erschienen Röhm und Hitler bei einem Konzert der SS in Berlin zum letzten Mal gemeinsam in der Öffentlichkeit. Anfang Juni 1934 erhielten die SS und der Sicherheitsdienst

›Anfang vom Ende – Deutscher Heldentod‹, Eric Godal, 1934 (oben)

Diese Karikatur, die Röhms Tod darstellt, spielt deutlich auf seine homosexuellen Ausschweifungen an und trägt die ironische Bildunterschrift ›Auf dem Felde der Ehre gefallen‹.

›Die Röhm'sche Hochzeit‹, anonym (rechte Seite)

Röhms homosexuelle Neigungen waren wohlbekannt. Dieser Cartoon zeigt Röhm mit einer erdichteten Braut – auf dem Weg zum Altar folgt ihm ein schluchzender Trauzeuge und SA-Wachen.

den Befehl, die SA genau in den Augen zu behalten. Am 26. Juni telefonierte Hitler mit Röhm und bestellte ihn und weitere SA-Führer zu einer Unterredung nach Bad Wiessee. Vier Tage darauf wurden Röhm und andere SA-Führer verhaftet und ermordet. Röhm zahlte den Preis für seinen Ehrgeiz.

Die SA war ein häufigeres, aber vielleicht auch passenderes Objekt für Satire als Röhm. Die vermutlich treffendste Karikatur von Ernst Röhm zeigt, was passiert wäre, wenn Röhm geheiratet hätte. In London kommentierte David Low die Art, wie Hitler Röhm erledigte, in einer Zeichnung, die die SA darstellt, die nun Hitler mit zwei erhobenen Armen grüßt. Röhms Ende und das seiner Organisation wird in der Zeichnung ›Die Nibelungentreue‹ dargestellt und mit den Worten »Kein schön'rer Tod ist auf der Welt, als wer vom Freund erschlagen« kommentiert.

Josef Goebbels Beziehung zu Hitler war ebenfalls Schwankungen unterworfen, obwohl Goebbels der einzige Naziführer war, der mit Hitler bis zum Ende im April 1945 im Bunker in Berlin ausharrte. Als frisch promovierter Philologe schrieb Goebbels 1924 an Hitler im Gefängnis, daß das, was er während seines Prozesses gesagt habe, »der Katechismus eines neuen politischen Glaubens in der Verzweiflung einer zusammenbrechenden, entgötterten Welt« sei.

›Faschistische Lügenkanone‹, Kukriniksy, 1942 (oben) und ›Goebbels und Hitler‹, Fulk (unten)

Hitler benutzte Goebbels, und Goebbels genoß dies. Das sowjetische Drei-Mann-Team Kukriniksy will ausdrücken, daß Goebbels etwas Unbarmherziges, Automatisches anhaftete. Goebbels riß den Mund gerne weit auf, und dasselbe macht das Baby in Fulks Cartoon. Hitler sagt dazu: »Du, Josef, das Kind scheint wirklich von dir zu sein!« Tatsächlich zeigte Hitler großes Interesse an Goebbels' Familienleben.

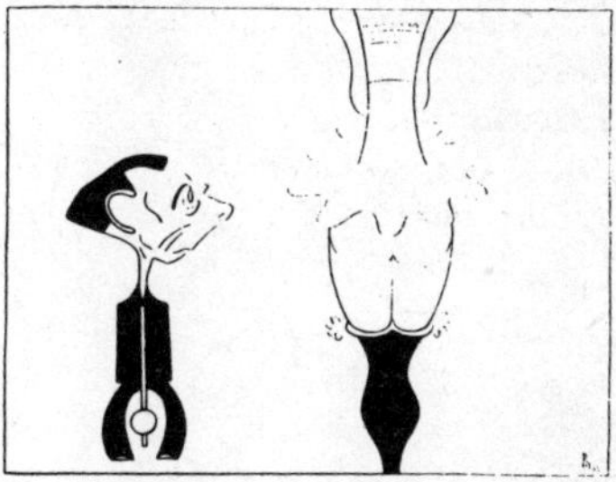

»Unter meinen Schenkeln schnaubt nicht mehr der Vollbluthengst...
Ich werde getragen wie eine schwimmende Insel. Der Freiheit entgegen...«
»Ich stehe mit beiden Füßen auf der harten Heimaterde. Um mich ist Schollengeruch. Bauernblut steigt langsam und gesund in mir hoch.«
»In mir hing alles still, wie der Pendel einer Uhr, den man festgebunden hat.«

›Michael – ein deutsches Schicksal in Tagebuchblättern von Joseph Goebbels‹, František Bidlo, 1931

Die Zitate zu dieser Bildergeschichte entstammen Goebbels' einzigem Roman, der den Titel ›Michael‹ trägt.

›Das Publikum möge bitte sitzen bleiben‹, Bert Strube, DAILY EXPRESS, 3. Juli 1934 (oben); ›Aufruhr der Teufel‹, Eric Godal (rechts oben) und ›Die Nacht der langen Messer‹, Josef Flatters, 1939 (rechts unten)

Diese Zeichnungen beziehen sich alle auf den 30. Juni 1934, das Ende Röhms und der SA, die verdächtigt wurden, eine bewaffnete Revolution gegen den Staat anzuzetteln. Von den insgesamt 170000 Mitgliedern, die Röhms SA angehörten, wurden über 1000 ›Verräter‹ und andere bei diesem blutigen Massaker getötet. Godals Cartoon zeigt, daß selbst die Teufel Angst vor der SA haben, denn sie rufen: »Rette sich, wer kann. Die SA kommt!«

RÖHM

›Zur Verfassung des Deutschen Reiches‹, Karl Arnold, SIMPLICISSIMUS, 12. März 1933 (links)

Arnolds Zeichnung kommentiert den Mangel an Freiheit im neuen Reich.

›Die Juden sind unsere Gäste und danach werden sie behandelt!‹, František Bidlo (rechte Seite)

Bidlo weist auf die Diskrepanz zwischen Goebbels' Worten und Taten hin.

Goebbels, ein Rheinländer, arbeitete ursprünglich im ›Westblock‹ der Partei und hielt es durchaus für möglich, daß es innerhalb der Partei Möglichkeiten für eine sozialistische Alternative anstelle von Hitlers süddeutschem Faschismus gäbe. Nach einer Tagung in Bamberg im Feburar 1926 schrieb er irritiert in sein Tagebuch: »Ich bin wie geschlagen. Welch ein Hitler? Ein Reaktionär? Fabelhaft ungeschickt und unsicher. Russische Frage: vollkommen daneben. Italien und England naturgegebene Bundesgenossen. Grauenhaft! Unsere Aufgabe ist die Zertrümmerung des Bolschewismus. Bolschewismus ist jüdische Mache! Wir müssen Rußland beerben! 180 Millionen!!!«[2] Goebbels war auch nicht davon überzeugt, daß Hitlers wichtigster Glaubensartikel, der kapitalistische und der bolschewistische Jude seien ein und dasselbe, richtig sei.

Goebbels war klein und drahtig und hatte einen Klumpfuß, aber er war ein fast ebenso demagogischer Redner wie Hitler. Wenn er in der Öffentlichkeit sprach, tat er dies kühl und berechnend. Vermutlich war er der Intelligenteste von allen Naziführern. Er schwenkte auf

Hitlers politische Linie um, noch lange bevor der Konflikt zwischen Hitler und den Gebrüdern Strasser ausbrach, und er tat in Berlin in den späten zwanziger Jahren viel für die Bewegung. Sein Interesse und seine Begabung für Propaganda verschafften ihm eine besondere Position bei Hitler, aber die Stärke ihrer Beziehung war nicht immer gleichbleibend. So enorm wichtig Propaganda für Hitler vor 1933 gewesen war, als er andere Möglichkeiten hatte, politischen Einfluß auszuüben, sank sie doch etwas im Wert. Dazu kam noch, daß kurz vor dem Ausbruch des Krieges Goebbels in einen Skandal verwickelt war, bei dem Hitler sich gezwungen sah, einzugreifen (Goebbels wollte seine Frau und seine Familie wegen einer tschechischen Schauspielerin – also einer Angehörigen einer minderwertigen Rasse – verlassen). Obwohl dies Goebbels Einfluß zeitweise schmälerte, gab man ihm doch Gelegenheit, seine Treue Hitler gegenüber während des Krieges zu beweisen. Als Reichsminister für Volksaufklärung und Propaganda half Goebbels dem deutschen Volk, die letzte, unerträgliche Phase des Krieges länger auszuhalten, als es dies ohne seine Ermutigung wohl getan hätte.

›Wächter der ‚neuen Ordnung' in Europa‹, Boris Efimov, 1942 (oben) und ›Budapest‹, George Whitelaw (unten)

Heinrich Himmler, oberster Polizeichef und Reichsführer-SS, war von allen Nazigrößen der Unheimlichste; er war für die Konzentrationslager und die Durchsetzung der Rassengesetze verantwortlich. Das Ziel der SS war es, eine ›neue Ordnung‹ zu errichten, die darauf abzielte, Europa wirtschaftlich und politisch auf eine Grundlage zu stellen, und dies bedeutete, daß alle vorher existierenden Grenzen zerstört würden. In Wirklichkeit also nichts anderes als die Vorherrschaft über Europa, und deshalb stellt Efimov Himmler als eine bedrohliche Spinne dar, die sich über Europa hermacht. Eine ähnliche Vorstellung spricht aus der Zeichnung, die Himmler als monströse, vierarmige Bestie zeigt, die starr blickt und auf der Schirmmütze das Totenkopfzeichen trägt. Ihre Krallen bedrohen Budapest und das restliche Ungarn.

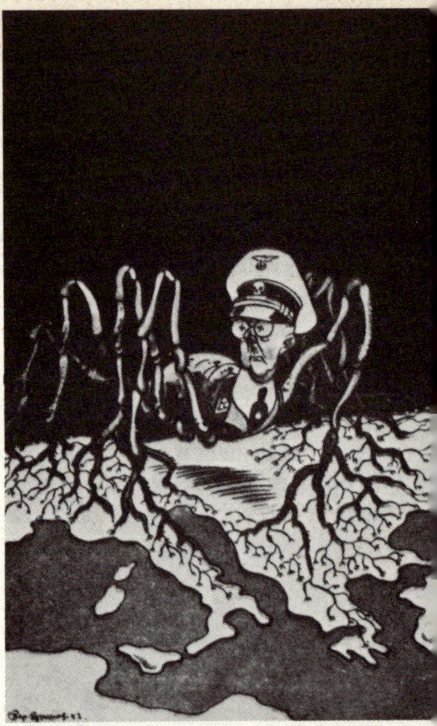

›Streicher‹, Bert (oben) und ›Das Ergebnis‹, Eric Godal (unten)

Julius Streicher, einer von Hitlers ersten Anhängern und ein fanatischer Antisemit, führte in seinem Skandalblatt DER STÜRMER *eine unerbittliche Kampagne gegen die Juden. Die Zeitung war sehr erfolgreich, 1937 hatte sie eine Auflage von einer halben Million. Sie eignete sich hervorragend für Propagandazwecke, und ein Ergebnis der antisemitischen Propaganda war, daß ›arische‹ Mädchen oder Frauen, die sich ›mit einem Juden eingelassen‹ hatten, barbarisch behandelt wurden.*

Als junger Mann hatte Goebbels einen ziemlich schlechten Roman geschrieben. Als dieser 1931 veröffentlicht wurde, sah František Bidlo, ein tschechischer Karikaturist, die Möglichkeit, Goebbels in einem Cartoon bloßzustellen: In Goebbels' Roman dreht sich alles um Sex, aber Goebbels fand es schwierig, seine überwältigenden Gefühle in Worte zu kleiden. Er war von den primitiven völkischen Philosophen des neunzehnten Jahrhunderts beeinflußt sowie von allerlei rassistischem Unsinn, der damals zirkulierte. Die besondere Bedeutung von Blut und Boden war im Roman oft der Ausgangspunkt für sprachliche ›Höhenflüge‹.

In einer anderen Zeichnung kontrastiert Bidlo Goebbels' relativ zurückhaltende Kommentare zur Judenfrage mit der Wirklichkeit, der Art und Weise, wie sie tatsächlich behandelt wurden.

Wenn Goebbels zur Bewegung Witz und Intelligenz beisteuerte, so fügte ihr Hermann Göring Klasse und einen gewissen, leicht schäbigen Glanz zu. Im Ersten Weltkrieg war Göring Kommandeur des legendären Jagdgeschwaders Richthofen gewesen. Er war ein robuster, umgänglicher Mann mit lauter Stimme und hatte sich schon früh der Partei angeschlossen, zeigte aber keinerlei Interesse für den ideologischen Ballast. Er reiste mehr als jeder andere Naziführer, hatte eine attraktive schwedische Frau und gute Verbindungen, aber er hatte auch etwas Dämonisches an sich. 1933 wurde Görings Eitelkeit mit dem Amt eines Ministers ohne Geschäftsbereich Genüge getan, und als Innenminister von Preußen unterstand ihm die preußische Polizei. Sein Leibesumfang und sein volkstümliches Wesen verbargen nur teilweise, zu welchen Brutalitäten er fähig war, z. B. bei der Übernahme des preußischen Polizeiapparates.

Görings Schwäche für Uniformen und Verkleidung lieferten den Karikaturisten reichlich Material. Göring half Hitler, die Kommunisten zu eliminieren, und unterstützte ihn bei seiner Aktion gegen Röhm und die SA. Eine Zeichnung von Bert weist auf diesen Aspekt der Göringschen Aktivitäten hin.

In der obersten Führungsschicht war Heinrich Himmler, der Reichsführer-SS, derjenige, von dem man am wenigsten wußte. Bis zum Krieg hatte er kaum die Aufmerksamkeit der Karikaturisten auf sich gezogen, aus den späteren Jahren existieren einige Cartoons. In den niedrigeren Rängen war personeller Wechsel häufig, und es gab nur wenige Gesichter und Charaktere, die der Erinnerung wert sind, abgesehen von einer Ausnahme: Julius Streicher. Streicher, ein früherer Hauptschullehrer, war überzeugter Antisemit und Herausgeber der Zeitschrift DER STÜRMER, ein Blatt, das in seiner antisemitischen Berichterstattung selbst die Boulevardpresse übertraf. Zwei Zeichnungen stellen einen Ursache-Wirkung-Zusammenhang her zwischen Streichers Zeitung und der pornographischen, öffentlichen Zurschaustellung eines Mädchens, das ›sich mit einem Juden eingelassen hatte‹.

›Tote erzählen keine Geschichten‹, Vicky, NEWS CHRONICLE, 14. Mai 1941

Vickys Ansicht, daß Hitler Heß für genauso entbehrlich hielt wie andere Naziführer, ist irreführend.

›Er muß verrückt gewesen sein!‹, David Low, EVENING STANDARD, 15. Mai 1941 (oben); ›Können wir nicht Freunde sein?‹, Philip Zec, DAILY MIRROR, 16. Mai 1941 (rechte Seite)

Als Hitlers Stellvertreter war Heß der zweithöchste Mann im Staat. Am 10. Mai 1941, kurz nach Hitlers Angriff auf die Sowjetunion, flog er mit einer Messerschmitt 110 nach Schottland und sprang dort mit dem Fallschirm ab. Hitler, der sich damals gerade im Berghof, seinem Zufluchtsort

in den Alpen, aufhielt, war völlig überrascht, als er dies erfuhr. Rudolf Heß hatte bei Professor Hanshofer studiert, dem Entdecker der ›Geopolitik‹, und Hitler gab Hanshofer die Schuld an Heß' Flucht nach Großbritannien. Heß erhielt keine Gelegenheit, seine Botschaft zu übermitteln, nämlich, daß Deutschland das britische Empire in Ruhe lassen würde, wenn Großbritannien sich nicht in Europa einmische. Heß und seine Flucht waren ein schwieriges Thema für Karikaturisten: David Low löste es, indem er weder Heß noch seine selbstauferlegte Mission ernst nahm.

›Hitler – ein deutsches Verhängnis‹, Paul Weber, 1932

Das Tausendjährige Reich

Hitlers Staat zeigte dem Ausland und seinen Bürgern ein ernsthaftes Gesicht. Was an Cartoons, Witzen und humorvollen Geschichten in der Presse erschien, war zensiert. Goebbels bewertete Witze über Juden, Kommunisten, ja selbst Liberale, positiv, aber er sagte, »ein Witz hört auf, lustig zu sein, wenn er an Heiligtümer rührt« – an Hitler, an der nationalsozialistischen Bewegung, an der Rassenfrage und vermutlich an ihm selbst. Nachdem 1933 einer von David Lows antinazistischen Cartoons im EVENING STANDARD erschienen war, wurden britische Zeitungen, die Lows Cartoons abdruckten, in Deutschland verboten (vergleiche auch Seite 165).

Die Nazis versuchten, eine eigene Art von Humor zu entwickeln, der frei von allen korrupten, vor allem jüdischen, Einflüssen sein sollte. So beschloß der Stadtrat von Hamburg beispielsweise, ›gesunde‹ nationalsozialistische Literatur zu fördern. Er setzte einen Preis aus für die beste satirische Erzählung, die den spezifisch norddeutschen Humor widerspiegeln sollte. Der Preis, immerhin 1000 RM, wurde einem Hanns ut Haum für eine Erzählung mit dem Titel *Das Magdalenenhaus* zugesprochen, die davon handelt, daß Mitglieder einer philanthropischen Gesellschaft einen Besuch in einem Haus für gefallene Mädchen machen. Sie werden von einem Reporter begleitet, der den Mädchen offenbar wohlbekannt ist, denn sie begrüßen ihn mit »Servus, Egon«. Bei dieser Erzählung handelte es sich jedoch um ein Plagiat. Das Original stammte von dem bekannten jüdischen Journalisten Egon Erwin Kisch aus Prag. Kisch machte sich über den Hamburger Stadtrat natürlich lustig, und das SS-Organ DAS SCHWARZE KORPS machte den Stadträten für ihre Leichtgläubigkeit schwere Vorwürfe.

ADOLF – DER ÜBERMENSCH

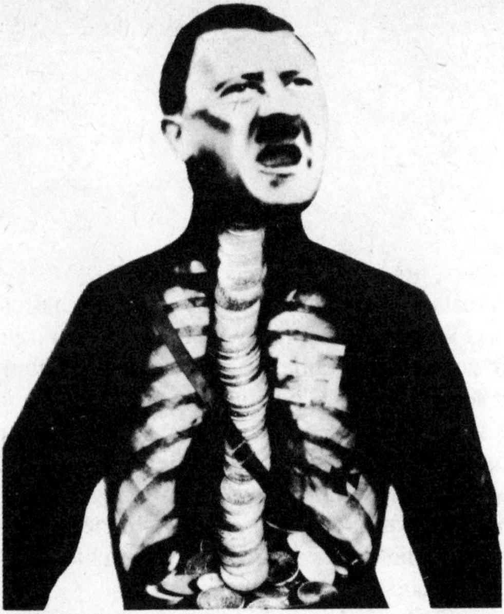

1

SCHLUCKT GOLD UND REDET BLECH

›Adolf, der Übermensch: Schluckt Gold und redet Blech‹, John Heartfield, 17. Juli 1932 (1); ›Gewiß, mein Herr! Wir sind alle Arier‹, Vaughn Shoemaker, CHICAGO DAILY NEWS, 1938 (2); Ein Arier ist…‹, 1936 (3); ›Die Blutprobe‹, Eric Godal (4); Ein reinrassiger Arier‹, H. Dobhenysk (5); ›Zur Vermehrung der deutschen Rasse‹, Eric Godal (6);

Die Führer Deutschlands entsprachen nicht ganz dem Bild, das die Nazis von reinrassigen Ariern hatten, und dies galt auch für ihre Verbündeten, z. B. Mussolini. Der Nazisoldat sagt zu dem niedergeschlagen dreinblickenden Mädchen, aus dessen Bett er gerade aufgestanden ist: »Dich heiraten? Ausgeschlossen! Bist ja'n ostisch-dinarischer Typ!« Godals fettes deutsches Paar ist nur allzu bereit, den Anweisungen Hitlers Folge zu leisten.

2

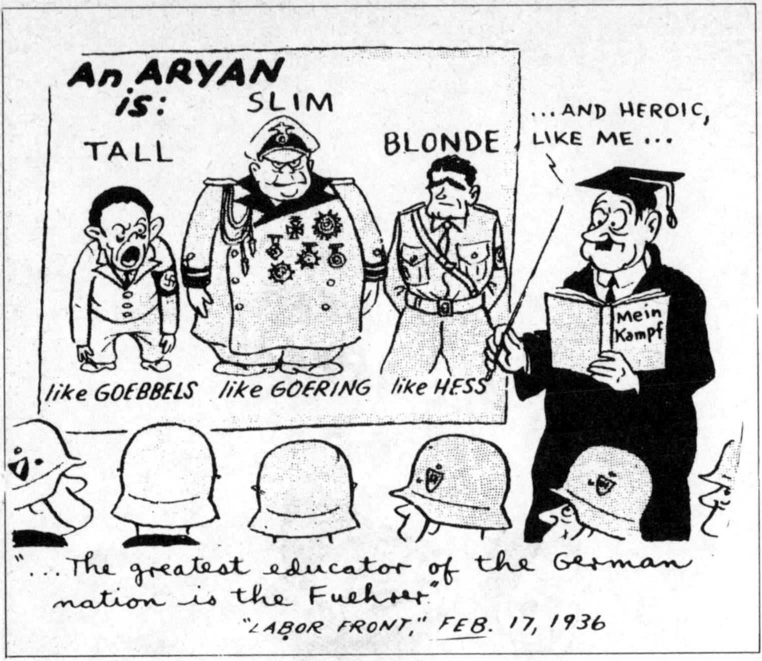
An ARYAN is:
TALL
SLIM
BLONDE
like GOEBBELS
like GOERING
like HESS
...AND HEROIC, LIKE ME...
Mein Kampf
"...The greatest educator of the German nation is the Fuehrer"
"LABOR FRONT," FEB. 17, 1936

3

4

5

6

Hitler Mussolini Daladier Simon

IT WORKED AT THE REICHSTAG—WHY NOT HERE ?

›Es hat doch beim Reichstag geklappt – warum nicht auch hier?‹, David Low, EVENING STANDARD, 18. Oktober 1933 (oben)

Low kommentiert hier einen der ersten außenpolitischen Schachzüge von Hitler. Am 14. Oktober 1933 gab Hitler bekannt, daß Deutschland aus dem Völkerbund austrete, da es, vor allem in bezug auf die Rüstung, in Genf nicht gleichbehandelt würde. Low stellt einen triumphierenden Hitler dar, der das Gebäude des Völkerbunds in Brand setzt. Von den Fenstern im ersten Stock aus sehen Mussolini, der französische Ministerpräsident Daladier und der britische Außenminister Sir John Simon zu. Das Mittel, mit dem man das Feuer löschen könnte: wirtschaftliche Sanktionen, bleibt unberührt.

›Das Dritte Reich in der Karikatur‹ (rechte Seite)

Das Umschlagbild zu einer Sammlung von Karikaturen, die nach der Ausstellung in Prag im April – Mai 1934 veröffentlicht wurde.

Das SCHWARZE KORPS beschrieb den Vorfall als einen schamlosen Versuch, fremdes Gedankengut in den nationalsozialistischen Machtbereich einzuschmuggeln und die Moral seiner Bewohner zu unterminieren. Die antisemitischen Cartooons im STÜRMER waren immer grauenhaft, aber der BERLINER LOKALANZEIGER schlug dem Faß den Boden aus, als er nach dem Selbstmord des jüdischen Schriftstellers Ernst Toller im Exil eine Zeichnung veröffentlichte, die die Bildunterschrift ›Hoppla, ihr sterbt! Deutschland aber lebt‹ – eine geschmacklose Anspielung auf den Titel eines Buches von Toller ›Hoppla, wir leben!‹ – trug.

Nach Hitlers Machtergreifung wurde regimekritische Berichterstattung entweder in den Untergrund gedrängt oder ins Ausland. Bücher wurden öffentlich verbrannt, gewisse Autoren verboten und der Presse wurde Zensur auferlegt. Dabei passierten vereinzelt auch Fehler. Im Dezember 1934 veröffentlichte Ernst Hanfstaengl ein Buch mit dem Titel *Tat gegen Tinte.* Es enthielt Cartoons von Hitler,

und ein Aufdruck besagte, daß das Buch vom Führer selbst durchgesehen und ausdrücklich gutgeheißen worden sei. Es enthielt jedoch auch einige Cartoons, die Hitler und die Nazis kritisch beleuchteten, und diente somit nicht ganz dem beabsichtigten Zweck, nämlich zu beweisen, wie tapfer Hitler mit Worten und Taten kämpfte. Zu der Zeit waren die Massenmedien schon gleichgeschaltet und die Berichterstattung entsprechend langweilig.

1934 wurde Prag zum Zentrum antinazistischer Exilanten aus Deutschland. Thomas Masaryk war damals noch Präsident in der Tschechoslowakei, die als einzige der kleinen Staaten in Mittel- und Osteuropa, welche aus den Trümmern der Habsburger Monarchie entstanden waren, noch eine demokratische Regierung hatte. Dort lebte auch eine kulturell aktive, deutschsprachige, teils jüdische Minderheit sowie eine politisch linksstehende, tschechische, vorwiegend kommunistische Schriftsteller- und Künstlerkolonie. Das PRAGER TAGBLATT war eine der führenden mitteleuropäischen Tageszeitungen, und in Prag gab es ein gutes deutsches Theater sowie eine deutsche Universität. Heinrich Mann, John Heartfield, Wieland Herzfelde und andere deutsche Künstler gingen nach Hitlers Machtübernahme in Berlin in die Tschechoslowakei.

Zeitungen und Verlagshäuser übersiedelten ebenfalls nach Prag. Heartfield, die Schriftsteller Hermann Leopold und Fritz Ergenbeck waren Redaktionsmitglieder der exilierten AIZ, und Franz Carl Weiskopf war ihr Chefredakteur. Sie veröffentlichte trotz der mißlichen Bedingungen im Exil und obwohl es schwierig war, an neues fotografisches Material zu kommen, fast jede Woche eine Fotomontage von Heartfield (in der Weimarer Zeit war die Zeitung nur monatlich erschienen). Aber in Prag hatte die AIZ nur eine kleine Leserschaft, und 1936 war ihre Auflage auf 12000 gefallen. Die Herausgeber versuchten, Taschenausgaben der Zeitschrift und Postkarten von Heartfields Arbeiten nach Deutschland zu schmuggeln, aber die Aktion war nicht sehr erfolgreich. Einige Postkarten wurden an Julius Streicher abgesandt, damit er sich nicht beschweren könnte, daß hinter seinem Rücken gearbeitet wurde. 1938 wurde jedoch auch in der Tschechoslowakei die präventive Zensur eingeführt, was bald ernsthafte Auswirkungen auf den Inhalt der AIZ hatte, und Heartfield und seine Freunde begannen, Mitteleuropa zu verlassen und an sicherere Gestade zu ziehen, nach England und Amerika.

Der Malik-Verlag siedelte mit Wieland Herzfelde ebenfalls von Berlin nach Prag über und begann, deutschen Lesern die Werke antifaschistischer Autoren zugänglich zu machen, unter anderen Konrad Heidens *Geburt des dritten Reiches*, Ignazio Silones *Der Faschismus*, Walter Rodes *Deutschland ist Caliban* und C. und V. Michaelis' und W. O. Somins *Die Braune Kultur*. Es gab auch mehrere in deutscher Sprache erscheinende Wochenzeitschriften in Prag, die dem antifaschistischen Lager zugerechnet werden – DIE WAHRHEIT, AUFRUF, DIE NEUE WELTBÜHNE – und eine satirische Wochenschrift, SIMPLICIUS. Der Simplicius Verlag veröffentlichte schon

›Der ‚Salon' der Abhängigen hat einen sehr lebhaften Erfolg erzielt‹, Elkins, LE RIRE, 3. März 1934

Die Zeichnung erinnert an die Grundsteinlegung Hitlers für das ›Haus der Deutschen Kunst‹ in München 1934

1934 eine Sammlung von Cartoons unter dem Titel *Das Dritte Reich in der Karikatur.* In der Einleitung nannte Heinrich Mann Hitlers Reich das Reich der deutschen Spießer, womit Leute wie die konservativen, antisemitischen Professoren Rühs und Fries gemeint waren, die Heinrich Heine aus Deutschland vertrieben hatten. Mann wies auf zwei hervorstechende Eigenschaften des Dritten Reiches hin: die Kombination aus Energie und Feigheit und fügte hinzu, »ihre Führer kennen die Welt nicht. Sie haben ihr Leben in Gefängnissen, Irrenhäusern und Nachtclubs verbracht.«

›Kunst im Nationalsozialismus ist spontan und aufrichtig‹, Stephen Roth

Bei Roths Text handelt es sich um ein Zitat von Goebbels. In Wirklichkeit wurden jene Künstler, denen es nicht gelang, Kunst zu produzieren, die von den Nazis gutgeheißen wurde, von speziellen Beamten aufgesucht, denen eine große Zahl von Sanktionen, einschließlich Gewalt, zur Verfügung stand.

Die Sammlung dieser Zeichnungen war ein Nebenprodukt einer Ausstellung im Kunstverein Mánes, die im April und Mai 1934 stattfand und einen diplomatischen Zwischenfall auslöste. John Heartfield war auf dieser Ausstellung mit 36 Fotomontagen vertreten, und die Deutschen fanden das Bild ›Adolf, der Übermensch, schluckt Gold und redet Blech‹ besonders beleidigend. Die deutsche Diplomatie protestierte zwei Mal, anschließend wurden auch die österreichischen, italienischen und polnischen Vertretungen mit ähnlichen Protesten bei der tschechischen Regierung vorstellig. Diese Kontroverse brachte der Ausstellung viele Besucher, und die Arbeiten der antifaschistischen Künstler wurden in der Presse oft und positiv besprochen. Von Paris aus erklärten sich Henri Barbusse und Paul Signac mit den ausstellenden Künstlern solidarisch.

Die Vorstellung, daß offizielle Regierungsvertreter – zunächst der deutsche Botschafter in Prag, Dr. Koch, dem sich sein österreichischer, italienischer und polnischer Kollege anschlossen – die Ansichten ihrer Regierungen in Kunstangelegenheiten ausdrückten, war schon an sich lächerlich und wurde von der Lokalpresse auch so gesehen. Zum ersten Mal machte Hitlers Regime den Versuch, die Gleichschaltung der Kunst und der Medien außerhalb der Grenzen Deutschlands durchzusetzen. Der tschechische Maler Karel Teige veröffentlichte am 24. Mai 1934 in der Zeitung DOBA folgenden Kommentar: »Die Ausstellung von Cartoons und satirischen Zeichnungen wurde unter den gegenwärtigen Umständen zu einem außerordentlich wichtigen antifaschistischen künstlerischen Ereignis, und sie bot die Möglichkeit der Konfrontation von faschistischer Reaktion mit den antifaschistischen Linken an der kulturellen Front.«

Die Sammlung *Das Dritte Reich in der Karikatur*, die bald nach der Mánes-Ausstellung veröffentlicht wurde, war von hoher künstlerischer Qualität, und sie lieferte ein präzises und detailliertes Bild des Dritten Reiches.

Die Brutalität der SA, der Charakter der Naziführer, insbesondere von Hitler, und das Wesen der Bewegung sowie Hitlers Rassenpolitik waren in diesem Buch alle gut dokumentiert. Hitlers Besessenheit von der Idee einer reinen Rasse und vom Wert arischen Blutes hatte besondere Rassengesetze zur Folge. Die ersten dieser Gesetze wurden im Frühjahr 1933 veröffentlicht, und sie zielten darauf ab, dem

Rasseverfall Einhalt zu gebieten und sollten die Wiedergeburt der deutschen Nation durch die ›bewußte Züchtung eines neuen Menschen‹ herbeiführen. Mehrere Künstler, die auf der Ausstellung vertreten waren, nahmen sich dieses Themas an. Godal brachte die Pingeligkeit der Nationalsozialisten in Rassenfragen in seiner Zeichnung ›Der Bluttest‹ brutal zum Ausdruck.

Josef Čapek lieferte einige der wichtigsten Beiträge für *Das Dritte Reich in der Karikatur*. Seine Zeichnungen waren einfach, rein und treffend; und sie eigneten sich ideal für die Veröffentlichung in Zeitungen. In seinen frühen Arbeiten hatte er sich hauptsächlich auf Gesellschaftskritik beschränkt, später karikierte er in seinen Zeichnungen das politische Leben in der Tschechoslowakei. Hitlers Machtergreifung bewirkte, daß Čapek, genau wie andere Prager Künstler, das übrige Europa genauer beobachtete und vor allem die Ausbrei-

›Der Bildhauer Deutschlands‹, Oskar Garvens, KLADDERADATSCH, 1933

Garvens Karikatur hat zwei Ebenen. Sie vergleicht eine ›dekadente‹ Plastik mit den pseudoklassischen, muskulösen Skulpturen, für die Hitler eine Vorliebe hatte, und sie sagt gleichzeitig etwas über den ›Baumeister‹ oder ›Architekten‹ Deutschlands aus. Die liberale Republik mit ihren vielen Parteien, in der auch die Juden ein wesentlicher Bestandteil waren, wird von Hitler zertrümmert, der statt dessen den ›deutschen Herkules‹ errichtet, Sinnbild der Nazikultur.

JOSEF ČAPEK, Bruder von Karel Čapek, dem Schriftsteller und Dramatiker, wurde 1887 geboren. Čapek arbeitete einige Jahre für *Lidové Noviny*, die führende Prager Tageszeitung. Zusammen mit seinem Bruder Karel schrieb er zwei Stücke. Wie die meisten tschechischen Karikaturisten seiner Generation, lehnte er die Vorliebe für Details der französischen Schule ab und hielt sich lieber an die raffinierte schlichte Linienführung der Künstler des SIMPLICISSIMUS. Čapek war während des Krieges in einem Konzentrationslager und starb 1945 bei einem Hungermarsch.

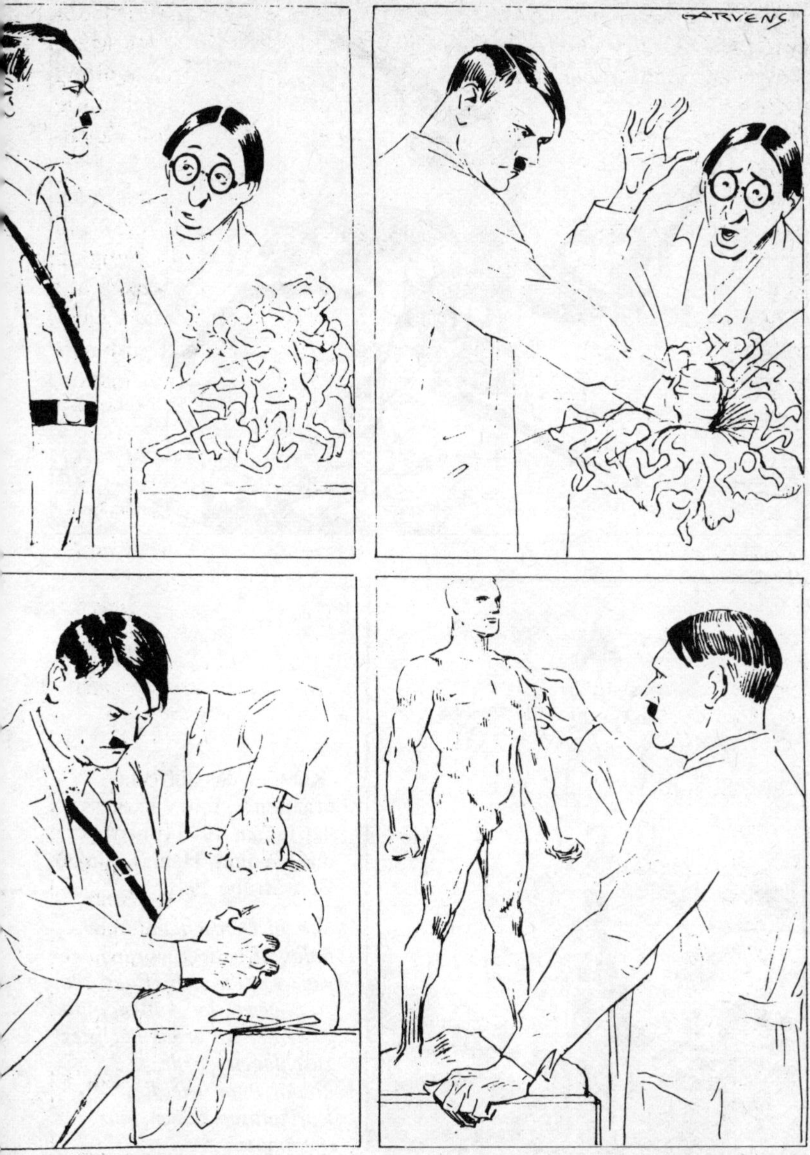
GARVENS

›Kann er das aufrechterhalten?‹, DAILY EXPRESS, 22. Januar 1940 (oben) und ›Wohin, Hahn?‹ (links), Bert Strube 1941

Sobald Deutschland innenpolitisch besiegt worden war, wandte sich Hitler, ohne zu zögern, der Außenpolitik zu. Aber wo er als nächstes zuschlagen würde, konnte man, wie diese Karikaturen zeigen, nur mutmaßen.

tung des Faschismus registrierte. Dies kommt besonders bildhaft in Čapeks Zeichnung ›Den degenerierten Demokratien werden wir es zeigen...‹ in seiner Serie ›Die Stiefel eines Diktators‹ zur Geltung.

Adolf Hoffmeister stellte in einer Zeichnung Hitlers Selbstüberschätzung der Beharrlichkeit, mit der er auf dem Wert nichtdekadenter Kunst bestand, gegenüber. Genau dasselbe kommentierte Elkins, wenn auch etwas umständlicher und vermutlich früher, in einer Zeichnung, die in der französischen satirischen Wochenzeitschrift LE RIRE (Das Lachen) am 3. März 1934 erschien. Die Zeichnung zeigt die Grundsteinlegung für das Haus der Deutschen Kunst in München, bei der Hitler erklärte: »Es ist herrlich, in einer Zeit zu leben, die ihren Menschen große Aufgaben stellt.« Der Titel des Cartoons war »Der ›Salon‹ der Abhängigen hat einen sehr lebhaften Erfolg erzielt.« Am treffendsten hat wohl Garvens Hitlers Ansichten über Kunst ausgedrückt. Er zeigte den Führer, wie er eine ›dekadente‹ Skulptur zerstört und dann die Art von Kunstwerk daraus macht, die die Deutschen bewundern sollten. Abgesehen davon, daß er Hitlers ästhetische Theorien knapp zusammenfaßt, gelang es ihm auch, in diesen vier Zeichnungen Hitlers charakteristische Gesten zu porträtieren.

Die Einstellung der Nationalsozialisten zur Religion und den Kirchen war ebenfalls Ziel satirischer Kommentare. Godal deutete an, daß Christus seine jüdische Großmutter vorgehalten werden könnte. Nach der Machtergreifung versuchte Hitler, die evangelische Kirche unter den ›Schutz‹ der Nazis zu stellen. Ein Cartoon zeigt, daß dies nicht ganz ohne Schwierigkeiten gelang.

Erfolgreicher war Hitlers Regime in dieser Beziehung bei juristischen und anderen akademischen Berufen. Obwohl die Verhandlung über den Reichstagsbrand nicht ganz so ablief, wie es sich das Regime gewünscht hatte, und obwohl der bulgarische Kommunist Dimitrov in seiner Verhandlung einen bemerkenswerten Erfolg erzielte, ließen sich die Richter bald gleichschalten. Heartfield kommentierte dies folgendermaßen: »Sie winden sich und drehen sich und nennen sich deutsche Richter.«

Jene Universitätsprofessoren, die in Deutschland blieben – die große Mehrheit – stellten sich als noch gefügiger heraus. Auf die mangelnde Zivilcourage der Akademiker wies Anfang 1933 der KLADDERADATSCH wie folgt hin:

»Was halten Sie davon, daß das nationale Kabinett die Regierung übernommen hat?« Antwort: »Tut mir leid, dazu kann ich nichts sagen, ich beschäftige mich nur mit der zweiten Hälfte des fünfzehnten Jahrhunderts.«

Selbst diejenigen, die Hitler genau beobachteten, hatten Schwierigkeiten, seine Motive und Absichten richtig zu beurteilen. Dies zeigt sich besonders bei der Einschätzung seiner Außenpolitik nach 1933. Eine ganze Anzahl von Cartoons zeigten die richtigen Länder, die ein Opfer von Hitlers Aggressionspolitik werden sollten, aber selbst 1941 war man sich noch nicht sicher, in welcher Reihenfolge sie angegriffen würden. In einer Zeichnung, die am 15. März 1933, in der satirischen elsässischen Zeitschrift FRANC-TIREUR (Scharfschütze) erschien, sieht man den deutschen Michel, der willig tut, was der Führer von ihm verlangt, so wie die Deutschen schon immer den Mächtigen gehorcht haben. Daß Hitler einen Tag vom Frieden, den anderen vom Krieg

›Das Feuerwerk hat begonnen‹, Vaughn Shoemaker, CHICAGO DAILY NEWS, 26. April 1933

Shoemakers Cartoon suggeriert, daß die Nationialsozialisten 1933 in einen Machtkampf verstrickt waren, mit dem sie nicht fertig wurden. Jedoch unterschätzte Shoemaker Hitlers Fähigkeit, mögliche Katastrophen zu seinem Vorteil zu nutzen. In weniger als einem Jahr wurde Hitler zum Diktator des Dritten Reiches.

redete, kommentiert 1933 eine Zeichnung in THE NATION, die in New York herausgegeben wurde (vgl. Seite 137). Aus Hitlers Mund, dargestellt als das Ende eines Kanonenrohrs, fliegt eine Friedenstaube. Diese Zeichnung ähnelt einer von Heartfields Fotomontagen, die am 7. Juni 1933 erschienen ist. Ihr Titel lautet: ›Mit seinen Phrasen will er die Welt vergasen‹, und sie trägt folgende Bildunterschrift: »Der Mann, der die deutsche Verfassung beschwor, spricht jetzt von Frieden. Er wird ihn halten wie seinen Eid.« Die Friedenstaube erschien auch auf einem jugoslawischen Cartoon, der im Oktober 1933 veröffentlicht wurde und den Titel ›Pazifist Hitler‹ trägt.

Gegen Ende des Jahres 1934 hatte man schon eine ganze Menge kritischer Information über das Naziregime und den Charakter seiner Führer, allerdings mit zwei Einschränkungen: Erstens waren diese Informationen hauptsächlich auf Mitteleuropa beschränkt, und zweitens wurden sie von Frauen oder Männern verbreitet, die zumindest im weitesten Sinne sozialistischen oder kommunistischen Bewegungen angehörten. In einem Land, das für die Idee einer Bedrohung durch den Osten empfänglich war, konnte Hitler politisches Kapital aus seinem Kampf gegen den Bolschewismus schlagen. Indem er das Unbehagen ausnützte, das Lenins Revolution und ihre Folgen beim Mittel- und unteren Mittelstand auslöste, machte er sein Regime auch für jene annehmbar, deren Angst vor einer sozialistischen Revolution größer war als ihr Mitleid oder politischer Verstand. Doch was auch immer die politischen Überzeugungen der Künstler, die hier vertreten sind, gewesen sein mögen, Tatsache ist jedenfalls, daß sie das Naziregime mit Witz und oft auch mit fast prophetischer Voraussicht attackierten.

Sie nahmen sogar die Urteile mancher Historiker über diese Epoche vorweg. Eines dieser Urteile war, daß Hitler ein unnatürliches, unmenschliches Monster mit teuflischem Charakter gewesen sei, für das es in der Geschichte keine Vorgänger gäbe. Diese Ansicht wurde auch in mehreren Cartoons vertreten; so zum Beispiel von Karl Radek, dem sowjetischen Journalisten und Publizisten, der das deutsche Wahlergebnis von 1930 wie folgt kommentierte: »Nichts dergleichen ist bisher in der Geschichte geschehen, vor allem nicht in einem Land, in dem es traditionsgemäß unterschiedliche politische Parteien gibt und in dem jede neue Partei um jeden Sitz kämpfen muß, der zuvor von den etablierten Parteien gehalten wurde.

Nichts ist charakteristischer als die Tatsache, daß man über diese Partei, die jetzt im deutschen politischen Leben den zweitwichtigsten Platz eingenommen hat, nichts in der bürgerlichen und auch nichts in der sozialistischen Literatur findet. Es ist eine Partei ohne Geschichte, die plötzlich im politischen Leben Deutschlands auftaucht wie eine vulkanische neue Insel im Meer.«[1]

›Das neue Christentum, verstehen Sie? 100 Prozent arisch!‹, Philip Zec, DAILY MIRROR, 16. Januar 1941

Noch zu Beginn des Krieges wollten die Nazis das Christentum durch die alten germanischen Gottheiten ersetzen.

›Können Sie beweisen, daß Sie eine arische Großmutter hatten?‹,
Eric Godal, 1934

Godals Karikatur, die andeutet, daß Christus wegen der nationalsozialistischen Rassenpolitik Schwierigkeiten bekommen hätte, zielt auf das nebulöse, teutonische Heidentum, für das die Nazis eine Schwäche hatten, und auf die ambivalente Einstellung der deutschen Kirchen zu der Judenfrage; weder die katholische noch die evangelische Kirche bezog in der Frage der Judenverfolgung einen festen Standpunkt.

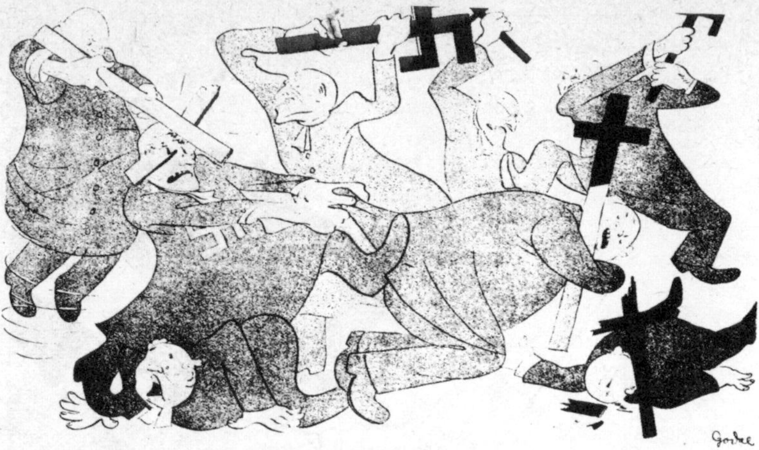

›Deutscher Kirchenfriede‹, Eric Godal, 1934

Die Nazifizierung der deutschen evangelischen Kirchen war anfangs schwierig, denn vor allem auf Grund regionaler Unterschiede gab es verschiedene Richtungen innerhalb der Kirche. Obwohl im Juli 1933 die Reichskirche endlich eingerichtet wurde, gab es innerhalb der verschiedenen kirchlichen Organisationen heftige Meinungsverschiedenheiten darüber, wer der erste Reichsbischof werden sollte. Das Problem wurde gelöst, indem man mehrere kirchliche Würdenträger vom Dienst suspendierte, und der SA und der Gestapo alles übrige überließ. Hitlers Kandidat, Ludwig Müller, wurde Reichsbischof.

Die nationalsozialistische Bewegung wurde häufiger jedoch nicht als eine unerwartet auftauchende Insel beschrieben, sondern als eine Bewegung, der die deutsche Vergangenheit den Weg geebnet hatte. Der Zusammenhang mit den deutschen Mythen wurde von den meisten Künstlern hergestellt, und zwar sowohl mit modernen als auch mit alten Mythen, vor allem, wenn sie im Gewand des neunzehnten Jahrhunderts einhergingen. Die kosmischen Tragödien im *Nibelungenring*, die Sehnsucht nach reiner Vergangenheit und reiner Rasse, die ganzen Phrasen von Blut und Boden ließ man nicht ihrer lächerlichen Werte wegen aufmarschieren, sondern weil sie ein wesentlicher Bestandteil nationalsozialistischer Ideologie waren. Viele Satiriker hielten den Nazismus für eine typisch deutsche Erscheinung, eine Ansicht, die später auch von französischen und englischen Historikern geteilt werden sollte. Stammbäume wurden konstruiert, die Hitler als Abkömmling Bismarcks, Friedrich des Großen etc. darstellten. William Shirer behauptet in seinem Buch *Aufstieg und Fall des Dritten Reiches,* daß es in Deutschland schon lange, bevor der Führer selbst aufgetreten sei, eine faschistische Diktatur gegeben habe.

JOHN HEARTFIELD wurde als Helmut Herzfelde 1891 in Berlin geboren. Sein Vater war ein sozialistischer Schriftsteller, der unter dem Pseudonym Franz Held veröffentlichte. 1913 arbeitete er als Werbegraphiker und stellte Buchumschläge her. Nach dem Ausbruch des Ersten Weltkrieges fing er an, pazifistische Lyrik zu schreiben, und änderte seinen Namen, obwohl die Meldebehörden sich weigerten, diesen zu registrieren. Statt mit seinem Regiment an die Front zu gehen, simulierte er 1915 eine Nervenkrankheit und wurde in eine Klinik eingewiesen. Nach einigen Monaten entließ man ihn wieder, und Heartfield wurde Aushilfsbriefträger in Berlin-Grunewald. 1917 gründete er zusammen mit seinem Bruder den Malik-Verlag und wurde Regisseur bei der UFA. Im folgenden Jahr wurde er Mitglied im Berliner ›Club Dada‹ und trat in die neugegründete Deutsche Kommunistische Partei ein. In den weiteren Jahren entwarf er zusammen mit Grosz dadaistische Collagen, verschiedene Marionettentheater und Programme für Max Reinhardts Kabarett; zwischen 1920 und 1922 entwarf er Bühnenbilder und Kostüme für mehrere von Reinhardt aufgeführte Stücke. 1933 floh er zuerst nach Prag, von dort aus 1938 nach England. Nach dem Krieg kehrte er nach Ost-Berlin zurück, wo er 1968 starb.

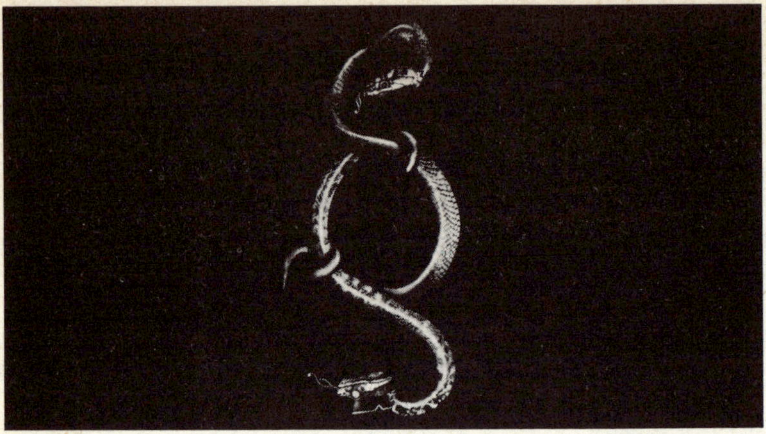

›Sie winden sich und drehen sich und nennen sich deutsche Richter‹, John Heartfield, 10. Oktober 1933 (oben)

Die beiden ineinander verschlungenen Schlangen, die ein Richterbarett auf dem Kopf tragen, bilden das Symbol für ›Paragraph‹. Obwohl die Mehrzahl der Juristen wohl kaum überzeugte Nazis waren, respektierten sie aus Tradition die Autorität und ließen sich kurz nach 1933 gleichschalten.

›Hitler hat keine Verwendung für Intellektuelle wie Einstein‹, Seppla (Josef Plank), DIE BRENNESSEL, um 1933 (rechts oben)

Vor 1933 waren zwölf Prozent aller deutschen Professoren und ein Viertel aller deutschen Nobelpreisträger Juden, wie Einstein auch. Vom ›Nazibesen‹ 1933 aus dem Lande gefegt, emigrierte er in die USA. Auch andere Wissenschaftler verließen das Land, und Deutschland verlor so die Führungsposition in den Naturwissenschaften, die es bis dahin innehatte – und sollte sie auch nie mehr zurückgewinnen.

›Deutsche Akademiker‹, Dollinger, KLADDERADATSCH, 1933 (rechts unten)

In den ersten Monaten nach Hitlers Machtergreifung fiel auf, wie schnell die Akademiker auf den neuen Kurs umschwenkten. Diese Karikatur lenkt das Augenmerk auf die Gleichgültigkeit, mit der viele Akademiker die Abschaffung der Demokratie zur Kenntnis nahmen. Der Text dazu lautet: »Was halten Sie davon, daß das nationale Kabinett die Regierung übernommen hat?« Antwort: »Tut mir leid, dazu kann ich nichts sagen, ich beschäftige mich nur mit der zweiten Hälfte des 15. Jahrhunderts.«

Etwa zur gleichen Zeit, als in Prag die Ausstellung im Kunstverein Mańes stattfand, erschien in Dänemark die zweite Auflage (Erstdruck im September 1935) von Wilhelm Reichs *Die Massenpsychologie des Faschismus*. Reich, ein Psychologe, der von 1930 bis 1933 an dieser Studie gearbeitet hatte, behauptete, »daß ›Faschismus‹ nur der politisch organisierte Ausdruck der durchschnittlichen menschlichen Charakterstruktur ist, eine Struktur, die weder an bestimmte Rassen oder Nationen noch an bestimmte Parteien gebunden ist, die allgemein und international ist«.[2]

Metaphysisches Denken, unorthodoxer Glaube, Besessenheit von abstrakten ethischen Idealen und der Glaube an die göttliche Prädestination eines Führers sind charakteristisch für den Faschismus. Die Marxisten, so argumentierte Reich, unterschätzten den politischen Wert des Mythus in ihrer Theorie und in der politischen Praxis, und er betrachtete ihre sozioökonomische Erklärung über die Entstehung des Faschismus als nicht adäquat. Er glaubte, Faschismus sei nicht die Ideologie oder Handlungsweise einer einzelnen ethnischen oder politischen Gruppe, sondern Ausdruck der irrationalen Charakterstruktur eines Durchschnittsmenschen, dessen wichtigste biologische Bedürfnisse und Impulse über Tausende von Jahren hinweg unterdrückt worden waren. Reich spielte auf die soziale Funktion solcher Unterdrückung an, und vor allem auf die Schlüsselrolle, die Familie und Kirche dabei spielen. Er bestand darauf, daß jede Form von organisiertem Mystizismus – für die die Nazibewegung ein Beispiel sei – die nichterfüllten Bedürfnissen der Massen als Grundlage habe. Wie dem auch sei, die Künstler, deren Arbeiten auf der Mánes-Ausstellung in Prag im Frühjahr 1934 vertreten waren und von denen viele die deutsche Staatsbürgerschaft besaßen, hätten Reichs These sicher eher akzeptiert als die von Shirer. Sie wußten wohl, daß es ein anderes Deutschland gab, denn sie selbst waren ja ein Teil davon.

›Der deutsche Michel – Führer Hitler befiehlt, die Deutschen folgen ihm‹, FRANC-TIREUR, 15. März 1933

›Mit seinen Phrasen will er die Welt vergasen‹, John Heartfield, 7. Juni 1933 (oben); ›Die Taube‹, Georges, THE NATION, 1933 (rechts oben); und ›Pazifist Hitler‹, Jutro, 19. Oktober 1933 (rechts unten)

Hitler sprach von Frieden, aber rüstete für den Krieg. Weder in New York noch in Ljubljana klangen seine friedliebenden Phrasen glaubwürdig: Heartfield, dessen Fotomontage kurz nach Hitlers ›Friedensrede‹ (17. Mai 1933) erschien, prophezeit bitter, aber richtig: »Der Mann, der die deutsche Verfassung beschwor, spricht jetzt von Frieden. Er wird ihn halten wie seinen Eid.« Wie hohl Hitlers Friedensangebote waren, zeigte sich, als er im Oktober den Austritt Deutschlands aus dem Völkerbund bekanntgab.

The Nation, New York.

›Das Gebäude der Diplomatie‹, David Fitzpatrick, ST. LOUIS POST-DISPATCH, 7. April 1935

Krieg und Frieden

Hitlers Regierungsübernahme im Januar 1933 hatte zur Folge, daß satirische Attacken auf das Naziregime fast nur noch vom Ausland her geführt wurden. In der Tat läßt sich in den Jahren zwischen 1933 und 1938 eine breitangelegte internationale Kampagne gegen Hitler und sein Regime nachweisen, die auch in der Karikatur ihren Niederschlag fand. Im Laufe dieser Entwicklung änderten sich jedoch Eigenart und Stil dieser Cartoons. Zu Beginn von Hitlers Aufstieg, als er nur gelegentlich von Karikaturisten wahrgenommen wurde, beschäftigten sich die Künstler, vor allem George Grosz, Karl Arnold und Paul Weber, mit Hitlers Persönlichkeit und dem Wesen der nationalsozialistischen Bewegung. In den frühen dreißiger Jahren wurden diese Beobachtungen verschärft und in vermehrtem Maße gemacht, was die Mánes-Ausstellung in Prag 1934 bewies. Die Herrenmenschenmentalität und die Rassenpolitik, die intellektuelle Anmaßung der Führer sowie Hitlers Treulosigkeit gegenüber seinen Freunden und Verbündeten wurden klar herausgestellt.

Dadurch, daß die Künstler in verschiedenen Ländern Exil fanden, daß die Kampagne gegen Hitler immer breiter wurde und daß Deutschland außenpolitisch immer aktiver wurde, ging ein Teil der Subtilität, die die früheren Portraits kennzeichnete, verloren. Die Künstler, die Deutschland verlassen hatten, verloren den politischen und sozialen Hintergrund, von dem sie gespeist worden waren, und die deutschen Medien waren ihnen nun nicht mehr so leicht zugänglich. Die Angriffe auf Hitlers Bewegung waren jetzt grundsätzlich anders geartet, denn sie sollten ja über Grenzen hinweg wirksam sein. Die Karikaturen illustrierten oft bis ins Detail genau die Entwicklung von Hitlers internationalen ehrgeizigen Plänen, weniger oft wurde in ihnen die Wirkung von Hitlers Herrschaft auf Deutschland selbst sichtbar.

In Großbritannien konnte man, schon bevor Hitler an die Macht kam, unterschiedliche Ansichten zur wachsenden Ausbreitung totalitärer Systeme auf dem Kontinent feststellen. Die Brutalität, mit der Mussolini gegen seine sozialistischen und liberalen Gegner vorgegangen war, förderte die Gründung einer britischen faschistischen Partei, die von der DAILY MAIL, einem Boulevardblatt, das von Lord Rothermere herausgegeben wurde und das damals die höchste Auflage hatte, unterstützt wurde. Der in Neuseeland geborene Karikaturist

›Abessinien bedroht Italien‹, Josef Novak, 1935

Mussolini überfiel am 3. Oktober 1935 in Mißachtung des Völkerbundpaktes Abessinien. Wie bedrohlich die armen Einwohner dieses alten Kaiserreiches waren, zeigt dieser tschechische Cartoon.

David Low nahm Rothermere deshalb in seine ›Galerie von Charakteren, die im schwarzen Hemd das Feuer des Klassenhasses schüren‹ auf. Lows Einstellung zu Mussolini und Hitler und ihre Umsetzung von Zeichnungen liefern einen klaren Einblick in die Karikatur vor und während der Kriesgsjahre. Und sie zeigen auch, wie weit ein Künstler politischen Einfluß ausüben kann und wo seine Grenzen sind.

Viele Karikaturisten, genau wie Fotografen, illustrieren und kommentieren politische Ereignisse, statt sie zu beeinflussen. Dennoch kann behauptet werden, daß große Karikaturisten, wie George Grosz

›Die Krupp-Babyflasche‹, J. Sennep

Obwohl Hitler im Rüstungswettlauf nur ein winziges Baby ist, sieht man, wie er erstarkt, denn er ernährt sich mit den Produkten der Kruppschen Rüstungsindustrie. Den demokratischen Politikern der westlichen Länder, die eilig davonhasten, ruft er nach: »Auf eure Gesundheit, meine Väterchen!«

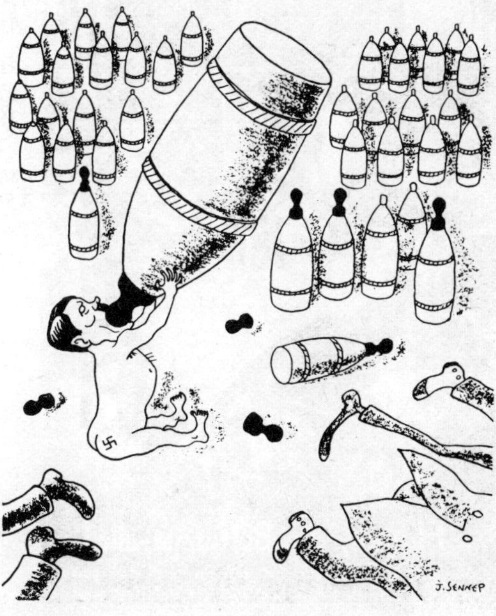

oder Paul Weber, dazu beitrugen, die Einstellung der Öffentlichkeit gegen Hitlers Bewegung zu beeinflussen, selbst wenn sie und die politische Position, die sie vertraten, 1933 in Deutschland eine Niederlage erlitten. David Low gehörte jedenfalls zu der kleinen Gruppe von Künstlern, die öffentliche Ereignisse nicht nur illustrieren, sondern auch beeinflussen.

Low war in einer doppelt vorteilhaften Lage. Er war für Manipulation nicht anfällig, und er schoß seine Pfeile gegen Hitler aus einem Land ab, in dem es eine breite politische Basis gegen Hitler gab. Er war auch äußerst mutig, selbst wenn es um britische Angelegenheiten ging. So attackierte er zum Beispiel den britischen Imperialismus in einer Zeit, als dies nicht als chic galt.[1] (Im Gegensatz dazu ließ sich Paul Weber von Goebbels manipulieren und erlaubte, daß seine Arbeiten zum britischen Imperialismus für Propagandazwecke miß-

›Hurrah, die Butter ist alle!‹, John Heartfield, 19. Dezember 1935

Heartfield zitiert in seiner Fotomontage zur deutschen Wiederaufrüstung Göring: »Erz hat stets ein Reich stark gemacht, Butter und Schmalz haben höchstens ein Volk fett gemacht.«

ADOLF HOFFMEISTER wurde 1902 in Prag geboren. Während seines Jurastudiums fing er an, Artikel zu schreiben, die er oft mit eigenen Illustrationen versah. Er bereiste Italien, Frankreich und England und 1931 die UdSSR. Er veröffentlichte regelmäßig politische Cartoons und griff, wie Pelc, Hitler und seine Bewegung scharf an. 1938 verließ er Prag und ließ sich in den USA nieder. Die Abenteuer, die er erlebte, bis er schließlich in die USA gelangte, hielt er in einer humoristischen Erzählung mit dem Titel *The Animals are in Cages* fest.

braucht wurden.) Aber auch, wenn sich Low mit ausländischen Themen beschäftigte, wurde gelegentlich Druck auf ihn ausgeübt, dem er sich widersetzen mußte.

Die Kombination von Lows Talent, seiner Erfindungsgabe und dem glücklichen Umstand, daß er für eine freie Presse arbeitete, hob ihn weit über die Ränge gewöhnlicher Zeitungskarikaturisten hinaus. Aber auch in Amerika, der Sowjetunion, Frankreich und in anderen Teilen der Welt gab es begabte Künstler, die die Entwicklung der internationalen Politik, mit all ihrer Brutalität und Korruption, festhielten. Als der Krieg näherrückte, gewann die Kampagne gegen Hitler an Intensität. Vor allem die amerikanische Presse spiegelte diesen Tatbestand wider. Die große Anzahl verschiedener Zeitungen, die vielen ethnischen Minoritäten, die immer noch Verbindung zu ihrer alten Heimat pflegten, und erstklassige Auslandsreportagen, machten Amerika zu einem Land, in dem die immer deutlicher hervortretenden ehrgeizigen Ziele Hitlers gut verfolgt und beurteilt werden konnten.

Der Versailler Friedensvertrag enthielt den Keim zur Zerstörung des Friedens. Er teilte Europa in Staaten, die aus dem Krieg Vorteile zogen, und solche, die die Niederlage bezahlen mußten; er hatte künstliche Grenzen und den ›Korridor‹ geschaffen. Der Vertrag war nur durch Druck, nicht durch Übereinstimmung zustande gekommen und konnte nur so lange bestehen, wie die Alliierten, Amerika, Großbritannien und Frankreich, sich einig waren. Schon Anfang 1935 war klar, daß der Vertrag keine große Zukunft mehr hatte: David Fitzpatrick macht dies in einem Cartoon, der im ST. LOUIS POST-DISPATCH erschien, sehr deutlich; er trägt den Titel ›Das Gebäude der Diplomatie‹.

Hitler versuchte, die Mängel und Widersprüche des Vertrags für seine Zwecke auszunützen, die Folge davon war, daß seine Außenpolitik fast jeden europäischen Staat bedrohte. Obwohl er in einer Rede, die er im Januar 1941 hielt, sagte: »Öfter hat kein Mensch erklärt und kein Mensch niedergeschrieben, was er will, als ich es getan habe, und ich schrieb immer wieder: Beseitigung von Versailles!«[2], konnten die ausländischen Beobachter Mitte der dreißiger Jahre Hitlers Absich-

›Träumendes Frankreich‹, Paul Iribe, LE TÉMOIN, 1933

Iribe karikiert die Tatsache, daß die westlichen Demokratien Hitlers Friedensbeteuerungen Glauben schenkten. Während Frankreich im Frühjahr 1933 auf einer Blumenwiese von der Liebe träumt, marschieren die aufgebrachten Massen, die warnende Plakate tragen, ungehört vorüber.

ten noch nicht einschätzen. Zielstrebiges Vorgehen in der Außenpolitik kannte er nicht, genau wie in der Innenpolitik verschleierte er seine wahren Absichten, indem er sich einmal so, einmal anders äußerte. Er stellte sich auch nicht nur als Gegner des Versailler Vertrages oder als Verteidiger deutscher Interessen in Europa dar. Die Angst vor einer revolutionären Bedrohung aus dem Osten war noch nicht verschwunden, und der westeuropäische Mittelstand war weitgehend antikommunistisch eingestellt. Hitler setzte deshalb seine antibolschewikische Trumpfkarte wohlüberlegt ein. Er stellte sich in der Rolle des Führers einer alternativen Regierungsform dar, die die repräsentative Demokratie ersetzen könnte, und nützte Antisemitismus, wo er ihn schon vorfand, bewußt aus. Die Bilder von Hitler als Außenpolitiker verwischten sich, je öfter er in Erscheinung trat.

Die großen deutschsprachigen Gebiete in der Tschechoslowakei und in Polen sowie der deutsche Teil Österreichs, Hitlers Heimat, wurden von ihm zunächst kaum als Gegenstand der Außenpolitik wahrgenommen; er betrachtete sie als innerdeutsche Angelegenheiten. Nachdem im Juli 1934 ein von österreichischen Nationalsozialisten durchgeführter Putsch scheiterte, bei dem der österreichische Bundeskanzler Dollfuß ermordet wurde, setzte Hitler die Nazis im Ausland vorsichtiger ein und überstürzte nichts mehr. Einige Monate darauf erzielte er bei der Volksabstimmung im Saargebiet im Januar 1935 einen spektakulären Erfolg, da nur 2000 Stimmen einen Anschluß an Frankreich forderten, während 445000 für eine Wiedervereinigung mit Deutschland votierten und 46000 für die Beibehaltung des Status quo – d. h. Verwaltung des Gebietes durch den Völkerbund – plädierten. Ein paar Monate später, am 18. Juni, wurde das englisch-deutsche Flottenabkommen unterzeichnet. Das war der 120. Jahrestag von Waterloo, an dem Briten und Preußen die Franzosen besiegt hatten. Dieser Vertrag kennzeichnete das Ende der Ära von Versailles, denn Deutschland wurde als Partner in Rüstungsverhandlungen akzeptiert.

Trotz ideologischer Verwandtschaft mit Hitlers Regime, hatte Mussolini die deutsche Gefahr schneller erkannt als die meisten anderen europäischen Politiker. Österreich lag zwischen Hitler und ihm, und der vereitelte Naziputsch in Österreich gab Anlaß zu gegenseitigem Mißtrauen, was Eric Godal in einem Cartoon mit dem Titel ›Das Schachspiel beginnt‹ kommentiert.

›Saarabstimmung‹, Bert Strube, DAILY EXPRESS, London, 16. Januar 1935 (oben) und ›Die Saarfrage‹, Adolf Hoffmeister, 1935 (rechte Seite)

Die Volksabstimmung im Saargebiet im Januar 1935 war der erste Triumph der Nazipropaganda im Ausland. Als das kohlenreiche Gebiet mit überwältigender Mehrheit für die Heimkehr ins Reich stimmte, erklärte Hitler öffentlich, daß er keine weiteren territorialen Forderungen an Frankreich mehr stellen werde, eine Bemerkung, die Hoffmeister mit Skepsis aufnahm. Am Piano sitzend, eine Stimmgabel in der Hand, verkündet Hitler: »Ich habe die Harmonie im Saargebiet hergestellt, nun kommt Elsaß-Lothringen an die Reihe.«
Strube zeigt die Einwohner des Saargebiets als eine Schafherde, die blind in den Nazi›stall‹ geht. Kommunisten und Juden werden ausgesondert, die übrigen mit dem Naziabzeichen gebrandmarkt.

Aber bald rückten sich Hitler und Mussolini, der inzwischen unbeirrt seine außenpolitischen Ziele verfolgte, näher. Das italienische Abenteuer in Äthiopien, dem damaligen Kaiserreich Abessinien, stellte einen neuerlichen Tiefpunkt in der Kriegführung eines europäischen Industriestaates gegen einen praktisch wehrlosen Gegner dar; die Zeichnung ›Abessinien bedroht Italien‹ macht die tatsächliche Situation deutlich. Im Mai erklärte Mussolini, daß das römische Reich ›auf den schicksalhaften Hügeln Roms‹ wieder auferstanden sei.

Hitler predigte den Frieden, aber rüstete weiterhin auf; als Antwort auf diese Taktik benutzte John Heartfield einen Satz aus einer Rede Görings »Erz hat stets ein Reich stark gemacht, Butter und Schmalz haben höchstens ein Volk fett gemacht« als Text für seine Fotomontage ›Hurrah, die Butter ist alle‹. Die sowjetische Parteizeitung Prawda stellte mit einer Zeichnung, die am 24. März 1935 erschien, einen unverkennbaren Zusammenhang zwischen Hitlers Politik der Rache und dem früheren Säbelrasseln des Kaisers her. Sie trug den Titel ›Rache – auf den Spuren des Kaisers‹. Ähnlich wie in den Jahrzehnten vor dem Ersten Weltkrieg eröffnete sich im Laufe des Jahres 1935 die

Möglichkeit eines ost-westlichen Bündnisses. Die Franzosen begannen mit der Sowjetunion über einen gegenseitigen Beistandsvertrag zu verhandeln, und David Low deutete in einem Cartoon, der im EVENING STANDARD erschien, die Möglichkeit einer deutschen Isolation an.

Aber der sowjetisch-französische Pakt, dem ein ähnlicher zwischen Rußland und der Tschechoslowakei folgte, war keinen Pfifferling wert. Hitler dagegen konnte die Unterzeichnung des Flottenabkommens als einen Erfolg für sich verbuchen, von britischer Seite bestand der immer deutlichere Wunsch, den zunehmend bedrohlicher wirkenden Diktator zu besänftigen. Hitler nutzte die Zeit vor der Ratifizierung des französisch-sowjetischen Beistandspaktes, um im März 1936 mit der deutschen Wehrmacht das Rheinland zu besetzen. Er schätzte die Wahrscheinlichkeit, daß Frankreich Widerstand leisten würde, für gering ein und hatte recht damit. Er hatte nun zwei internationale

›Hochzeiten in der Schmiede sind romantischer‹, David Low, EVENING STANDARD, 25. Januar 1937

Lows Cartoon zum Thema ›Kanonen statt Butter‹ zeigt, wie die junge deutsche Wirtschaft der Rüstungsindustrie geopfert wird.

Hitler
ANVIL WEDDINGS ARE MORE ROMANTIC

›Come and see Germany!‹, John Heartfield, 1. Juli 1936

Die Olympischen Spiele, die 1936 in Berlin abgehalten wurden, boten Goebbels eine prima Gelegenheit, der Welt die Leistungen des Dritten Reiches zu präsentieren.

Verträge (Versailles und Locarno) gebrochen und, um dies wiedergutzumachen, bot er Frankreich einen Nichtangriffspakt an, versprach die Rückkehr Deutschlands in den Völkerbund – aus dem Deutschland unter Hitler ausgetreten war – und ganz allgemein, daß Deutschland sich in Zukunft wohlverhalten würde. Allmählich konnte man kaum mehr so tun, als würde man nicht merken, mit welcher Verachtung Hitler die ›rückgratlosen Führer der Demokratien‹ behandelte.

Am 25. Juli 1936 faßte Hitler den Entschluß, General Franco bei seinem Kampf gegen die konstitutionelle spanische Regierung zu unterstützen. Antonin Pelc stellte Francos Totentanz in seiner Zeichnung ›Señorita Franco‹ dar. Picassos berühmtes Bild ›Guernica‹ zeigt die völlige Hilflosigkeit der Zivilbevölkerung gegen eine hochtechnisierte Kriegsmaschinerie, ein Thema, das bald auch in anderen Teilen

›Zuschauer auf den Ringplätzen‹, David Fitzpatrick, ST. LOUIS POST-DISPATCH, 9. August 1936 (oben) und ›Nicht-Interventions-Poker‹, David Low, EVENING STANDARD, 13. Januar 1937 (rechte Seite)

Der Bürgerkrieg in Spanien bot den Künstlern mehrere Themen. Da gab es das Problem der komplizierten diplomatischen Beziehungen, und Low und Fitzpatrick taten ihr Bestes, diese deutlich zu machen. Das menschliche Problem – die völlige Hilflosigkeit der Zivilbevölkerung gegenüber der Kriegsmaschinerie – wurde von Pelc und am eindrucksvollsten von Picasso behandelt.

Europas aktuell sein sollte. Das Leid der Bevölkerung sowie interne spanische Konflikte, die diese noch verstärkten, boten sich kaum für satirische Darstellung an; das Verhalten der auswärtigen Mächte im spanischen Bürgerkrieg wurde jedoch in einigen Cartoons festgehalten. Mit einer gewissen transatlantischen Unbeteiligtkeit stellte Fitzpatrick die spanische Feuersbrunst dar und zeigte, wie die anderen europäischen Mächte wie Leichenfledderer abwartend zuschauten. In Spanien fand die Generalprobe für den Zweiten Weltkrieg statt; das Engagement der europäischen Linken gemeinsam mit der Sowjetunion führte zwangsläufig zu einem engeren Zusammenrücken der beiden faschistischen Mächte in Europa, zu der ›Achse Berlin – Rom‹. Im ST. LOUIS POST-DISPATCH stellte Fitzpatrick den napoleonischen Ehrgeiz von Hitler und Mussolini dar, und in Spanien ging es um höhere Einsätze als bisher.

Die Besetzung des Rheinlands im Jahre 1936 hatte als Akt der Aggression Proteste und Drohungen hervorgerufen, deshalb sollte bei den Olympischen Spielen, die im selben Jahr in Berlin stattfanden, die internationale Meinung getestet werden. Der Plan, sie abzuhal-

NON-INTERVENTION POKER

›Das Schachspiel beginnt‹, Eric Godal, 1934

Godal stellt dar, wie sich die beiden faschistischen Diktatoren im Sommer 1934, kurz nach dem gescheiterten Naziputsch in Österreich, mißtrauisch beäugen. Nur einen Monat vorher hatte Hitler Mussolini versprochen, die Hände von Österreich zu lassen. Die Spannungen wurden noch stärker, als Mussolini eilig vier bewaffnete Einheiten am Brennerpaß mobilisierte.

ten, war schon gefaßt worden, ehe Hitler an die Macht gekommen war, aber es war das Naziregime, das aus den Olympischen Spielen den größten Vorteil zog. In der Hauptstadt wurde eine Operation im Stil potemkinscher Dörfer ausgeführt; Hausbesitzer wurden angewiesen, ihre Vorgärten in einen makellosen Zustand zu bringen; was an antinationalsozialistischen Slogans noch zu sehen war, wurde entfernt, selbst antisemitische Propaganda wurde vorübergehend ausgesetzt. Als Hitler die Spiele am 1. August eröffnete, ehrte ihn die französische Mannschaft mit dem Hitlergruß. Hitlers Regime gelang es zum ersten Mal in der Geschichte des Sports, ein Sportereignis zu politisieren: ein Thema, dessen John Heartfield sich sofort annahm.

Wie Goebbels die Olympiateilnehmer für seine Zwecke mißbrauchte, stellte er in einer raffinierten Fotomontage dar, bei der er das olympische Emblem geschickt ausnützte.

Gegen Ende des Jahres 1937 wurde Hitler allmählich unruhig. Er fürchtete, daß der Prozeß, den er in Deutschland in Gang gesetzt hatte, seine Antriebskraft verlieren könnte und daß der ›Sprung zu den allerhöchsten Zielen‹ verpaßt werden könne. In jener Zeit wurden die deutsche Gesellschaft und Wirtschaft zu Höchstleistungen angetrieben. Schon im Herbst 1936 hatte Hitler verlangt, daß die Industrieproduktion des Landes gesteigert werden müsse, um die Basis für eine Expansionspolitik zu schaffen.

›Ursache und Wirkung‹, David Low, EVENING STANDARD, Mai 1935

Eine Reaktion auf den hastig unterzeichneten französisch-russischen und den russisch-tschechoslowakischen Pakt. Die Zeichnung stellt dar, wie sich Deutschland zunehmend isoliert. In Wirklichkeit gelang es Hitler jedoch später, diese Ereignisse zu seinem Vorteil auszunützen.

Göring erhielt den Auftrag, einen Vierjahresplan nach sowjetischem Muster zu erstellen, der Deutschland vom Ausland unabhängig machen und die Rüstung ankurbeln sollte, ohne Rücksicht auf die wirtschaftlichen Konsequenzen einer solchen Politik. Göring machte daraufhin den deutschen Geschäftsleuten und Industriellen klar, daß wirtschaftliche Produktionskriterien fortan nicht mehr entscheidend seien. Im November 1937 gab das Propagandaministerium eine Presseanweisung heraus, die besagte, daß über die Vorbereitungen auf den ›totalen Krieg‹, die inzwischen schon im Gange waren, nicht mehr berichtet werden dürfe. Die Befugnisse von Heinrich Himmler

›Lebensraum‹, Antonín Pelc, um 1937

Die Eroberung neuen Lebensraumes, vor allem im Osten, war das Ziel von Hitlers Außenpolitik. Pelc prophezeit, daß es Deutschlands Untergang sein wird.

und der SS waren gewaltig erweitert worden, die Zahl der Konzentrationslager (die ersten wurden in Deutschland 1933 errichtet) war gestiegen, und es wurden Pläne gemacht, daß die Hitlerjugend als Arbeitskräfte in Fabriken eingesetzt werden könnte, um eine Fortdauer der Produktion zu gewährleisten.

Hitler schien sogar selbstsicher genug, sich auf eine Konfrontation mit den christlichen Kirchen einzulassen, ein Schritt, vor dem er lange gezaudert hatte. Die Katholiken waren schon seit längerem in einer ungünstigen Ausgangsposition, trotz der Erklärung der Bischöfe im Jahre 1936, daß die Kirche bereit sei, dem Staat in seinem Kampf gegen den Bolschewismus beizustehen. 1937 fanden mehrere Gerichtsverhandlungen statt, in denen Mönche und Nonnen sexueller Verfehlungen angeklagt wurden, und das Regime forcierte die Frage der katholischen oder weltlichen Schulen. Im Juni wurde der evangelischen Kirche die Kontrolle über ihre Finanzen entzogen, und Oppositionelle in den Reihen der Protestanten wurden durch eine große Zahl von Festnahmen eingeschüchtert, so wurde zum Beispiel unter anderem auch Pastor Niemöller, einer der Führer der Opposition gegen die Nazifizierung der evangelischen Kirche, verhaftet.

Im November 1938 erklärte Hitler deutschen Zeitungsherausgebern, »die Umstände hätten ihn jahrzehntelang gezwungen, fast nur vom Frieden zu reden«.

Nur unter der fortgesetzten Betonung des deutschen Friedenswillens und der Friedensabsichten war es mir möglich, dem deutschen Volk Stück für Stück die Freiheit zu erringen und ihm die Rüstung zu geben, die immer wieder für den nächsten Schritt als Voraussetzung notwendig war. Es ist selbstverständlich, daß eine solche jahrzehntelang betriebene Friedenspropaganda auch ihre bedenklichen Seiten hat, denn es kann nur zu leicht dahin führen, daß sich in den Gehirnen vieler Menschen die Auffassung festsetzt, daß das heutige Regime an sich identisch sei mit dem Entschluß und dem Willen, einen Frieden unter allen Umständen zu bewahren.[3]

Hitlers diplomatische Manöver, die die internationalen Beziehungen oder die Innenpolitik erforderlich machten, lassen sich nur im Kontext seiner ureigensten Zwangsvorstellungen begreifen. Er war von den Ideen Lebensraum und Reinheit des deutschen – oder, in der Naziterminologie, arischen – Blutes besessen. Beides waren für Hitler alte, tiefverwurzelte Obsessionen, sie tragen zum Verständnis seiner

›Señorita Franco‹,
Antonín Pelc, um 1936

Pelcs Zeichnung erinnert an Goyas ›Desastres de la Guerra‹. Die Hilflosigkeit der Zivilbevölkerung gegenüber der tödlichen Gefahr wird mit einfachen, dramatischen Mitteln ausgedrückt.

›Blick über Europa‹,
David Fitzpatrick,
ST. LOUIS POST-DISPATCH,
22. November 1936

Fitzpatrick zeigt, kurz nachdem die ›Achse Rom–Berlin‹ beschlossen worden war, Hitlers und Mussolinis napoleonischen Ehrgeiz in Europa. Hitler bestätigte diese Ansicht, indem er bei der Unterzeichnung des Vertrags erklärte: »Zusammen könnten Italien und Deutschland nicht nur den Bolschewismus, sondern den Westen besiegen!«

ungeheueren Energie bei und erklären letztendlich auch sein Scheitern. Der Mythus von Blut und Boden lieferte die treibende Kraft für seine Außen- und Innenpolitik.

Wenn Hitler an die Zukunft dachte, war er weit davon entfernt, beruhigt zu sein. Bei einem Abendessen in seinem Hauptquartier während des Krieges erklärte er seinen Zuhörern, daß er froh sei, nur zu Beginn des technischen Zeitalters zu leben; es bereitete ihm Schwierigkeiten, neue Ideen in sein gedankliches Konzept einzubauen. Wenn er mit der modernen Welt konfrontiert wurde, zog er es gewöhnlich vor, in die Vergangenheit zu flüchten. Aber, was er als Vergangenheit bezeichnete, war ein Konstrukt aus irrationalem Halbwissen, ein Geschichtsverständnis, das seine Wurzeln in Hitlers verquerer Gefühlswelt hatte. Er scheint geglaubt zu haben, daß das kostbare Blut, die Grundlage einer edlen Rasse, im Laufe der Jahrhunderte verdünnt worden sei und daß es seine Aufgabe sei, die Reinheit des Blutes wiederherzustellen, damit es noch einmal für Deutschlands Größe arbeite. Seine Rassengesetze, Adolf-Hitler-Schulen, Ordensburgen – Burgen, die mittelalterlichen militärischen Orden ähneln sollten, auf welchen der ›neue Mensch‹ gezüchtet und geschult werden sollte – und die Vorstellung von der SS als Wächter der ›neuen Ordnung‹ waren aus diesen irrationalen Vorstellungen heraus entstanden, genau wie die sie flankierenden antisemitischen Maßnahmen.

Hitlers zweite Obsession hing mit seiner Sorge um den Lebensraum zusammen. Der ›neue Mensch‹, furchtlos und grausam, zum Teil ein Nachkomme Nietzsches blonder Bestie, würde nicht mehr ›an dem Siechtum des gemischten, verdorbenen Blutes‹ leiden, aber er würde mehr Raum benötigen, um Hitlers Fantasien auszuleben. Er müßte über genügend Nahrungsquellen und Rohstoffe verfügen können, und er könnte nicht in einer Gesellschaft existieren, wo 140 Menschen auf einem Quadratkilometer zusammengepfercht waren. Der Gedanke an eine solche Bevölkerungsdichte verfolgte Hitler. Das Lebensraumproblem einer Industriegesellschaft konnte nicht durch Expansion in überseeischen Gebieten oder durch das Errichten von Kolonien gelöst werden. Weder Hitler noch einer seiner engen Mitarbeiter waren in der Lage, die internationale Szene global einzuschätzen, und das, obwohl sie doch gerade eine neue akademische Disziplin, die Geopolitik, entdeckt hatten. Der feste rassische Kern würde auf dem europäischen Kontinent und vielleicht in Eurasien eine neue, größere Heimat finden müssen: Der historische deutsche Drang nach Osten mußte wieder aufgenommen werden.

Hitler als ›Philosoph‹ war kein einfaches Thema für den Satiriker oder politischen Karikaturisten, nicht einmal für den von Goebbels kontrollierten und inspirierten SIMPLICISSIMUS. Am 14. Juli 1935 fand sich darin eine versteckte Anspielung darauf, daß den Philosophen der alten Schule das ›neue Europa‹ ein Rätsel war. Gulbransson benutzte in seiner Zeichnung mit dem Titel ›Untergang des Abendlandes?‹ folgenden Text: »Im Schatten seiner Sorgen grübelt der Philosoph über die Dinge, die da kommen sollen, und merkt nicht, daß inzwischen ein neues Europa aufzuleuchten beginnt.« Ein direkter Zusammenhang zwischen Hitlers Blut-und-Boden-Idee und Wagners Evokation der deutschen Mythen wurde in einem anonymen französischen Cartoon hergestellt, der den Titel ›Die Farce von Bayreuth‹ trägt.

Die Vorbereitungen auf den Zweiten Weltkrieg hatten schon längere Zeit vor seinem Ausbruch begonnen. Am 5. November 1937 hielt Hitler auf einer Geheimkonferenz in Berlin in beflügelter Stimmung einen über vier Stunden dauernden Vortrag über seine Kriegspläne. Seine Zuhörer waren der Außenminister von Neurath, der Kriegsminister von Blomberg, die Chefs der Heeresleitung und der Marine, von Fritsch und Admiral Raeder, sowie Göring, der Oberbefehlshaber der Luftwaffe, das Treffen wurde von Oberst

ANTONÍN PELC wurde 1895 in Líšany in der Tschechoslowakei geboren. An der Tschechischen Akademie in Prag studierte er Malen und Zeichnen und gehörte eine Zeit lang der kubistischen Bewegung an. Seine politischen Cartoons erschienen in den bedeutendsten tschechischen Tageszeitungen und satirischen Zeitschriften. Er attackierte die Nazis regelmäßig und scharf und nahm 1934 wie Hoffmeister, Bidlo und andere an der Ausstellung im Kunstverein Mánes in Prag teil. Zusammen mit Hoffmeister verließ er Prag nach der deutschen Besetzung und ging in die USA, wo er den Krieg überlebte.

›Die Farce von Bayreuth‹, französisch

Bei genauer Betrachtung hat diese Zeichnung einen gewissen stillen Charme. Hitler blickt so unsicher und töricht drein, nur der Fluch eines älteren Militärs durchbricht die feierliche Stille.

Hoßbach protokolliert. Hitler sagte, daß seine Ausführungen als sein Vermächtnis im Falle seines Todes zu betrachten seien und daß, wenn die Sicherung und Erhaltung der Volksmasse das höchste politische Ziel sei, das Problem des Lebensraums baldmöglichst angegangen werden müsse, spätestens jedoch zwischen 1943 und 1945. Zunächst müßten Österreich und die Tschechoslowakei dem Deutschen Reich eingegliedert werden; er war davon überzeugt, daß England und Frankreich die Tschechoslowakei schon abgeschrieben hatten. Hitler gab sich nicht mit der Angliederung der Sudetengebiete zufrieden, dem Grenzgebiet der Tschechoslowakei, das von Deutschen bewohnt wurde, sondern plante die schnelle Eroberung des ganzen Landes, das als Ausgangsbasis für weitere Expansion dienen sollte. Auf Hitlers Darlegungen folgte eine scharfe Diskussion, vor allem Fritsch, aber auch Neurath und Blomberg, zeigten große Betroffenheit, und sie warnten Hitler vor der Gefahr eines Krieges mit den Westmächten.

Göbbels

KEEPING THE HOME FIRES BURNING

›Das Feuer darf nicht ausgehen‹, David Low, EVENING STANDARD, 25. Juli 1938

Low hegt wenig Zweifel über die Frage, wer an der Sudetenkrise schuld ist.

Rechte Seite:

›Nominierung für 1938‹, Charles G. Werner, DAILY OKLAHOMAN, 1938 (unten) und ›Was, kein Stuhl für mich?‹, David Low, EVENING STANDARD, 30. September 1938 (oben)

Zur Krise in der Tschechoslowakei schien amerikanischen Karikaturisten mehr einzufallen als den Europäern. Ihnen wurde die Arbeit allerdings auch durch ausgezeichnete Reportagen aus Europa erleichtert, und die ethnischen Bevölkerungsgruppen im Land taten ein übriges. Lows Cartoon zum Münchner Abkommen stellt nicht so sehr den Verrat an den Tschechen in den Vordergrund, sondern den Ausschluß Stalins von der Konferenz. Der Viermächtepakt gegen die Sowjets, den Low unter Hitlers Stuhl plaziert hat, war nichts als ein Vorwand, das Kriegstreiben ging weiter.

Hitler Chamberlain Daladier Mussolini Stalin

WHAT, NO CHAIR FOR ME ?

Das Ergebnis war, daß alle diejenigen, die Hitler auf dieser Konferenz widersprochen hatten, ihre Posten verloren; nach den Kirchen wurden das Auswärtige Amt sowie die militärische Führungsspitze gleichgeschaltet.

›Was kommt als nächstes?‹, David Fitzpatrick, ST. LOUIS POST-DISPATCH, 25. September 1938

Fitzpatricks eindrucksvolle Zeichnung läßt keinen Zweifel darüber, daß die gigantische Kriegsmaschinerie der Nazis unerbittlich weiterlaufen wird. Zerschmettert unter den schweren Rädern liegt die Tschechoslowakei. Fitzpatricks Titel drückt Angst und schreckliche Ahnungen aus.

Während der nächsten vier Jahre vertat Hitler viele diplomatische und militärische Gelegenheiten und brachte zum Schluß Deutschland in eine unhaltbare strategische Situation. Sowohl Rußland als auch Amerika hatten im Ersten Weltkrieg Schlüsselrollen innegehabt: Rußland, indem es Deutschland in der ersten Phase in einen Zweifrontenkrieg hineinmanövrierte, Amerika, indem es das Gleichgewicht im Westen wiederherstellte, als die russische Front während der Revolution von 1917 zusammenbrach. Seit 1935, als die französisch-sowjetischen und die tschechoslowakisch-sowjetischen Verhandlungen im Gange waren, hatte Rußland wieder angefangen, eine aktive Rolle in der europäischen Politik zu spielen. Aber Rußland wurde immer noch als zweifelhafter Alliierter betrachtet und, als die britische Beschwichtigungspolitik begann, war in diesem System kein Platz für Rußland: Tatsächlich war eine feindliche Einstellung zum sowjetischen Regime eine der wesentlichen Grundlagen dieser Politik. In Großbritannien war David Low, der für den in London erscheinenden EVENING STANDARD arbeitete, ein beredter Advokat für eine Zusammenarbeit Großbritanniens mit der Sowjetunion, und er war ein scharfer Kritiker der Beschwichtigungspolitik. Er schrieb später in seiner Autobiographie, daß er schon 1923 Cartoons gegen das Hitlertum gezeichnet habe, obwohl ihm das damals gar nicht bewußt gewesen sei: »Eines meiner Hauptanliegen war es, zum Ausdruck zu bringen, daß, wenn die siegreichen Demokratien so weitermachten als ob deutsche Demokraten genauso große Feinde seien wie deutsche Junker und wenn sie nicht die neue Weimarer Republik aufpäppelten und sie stärkten, statt sie in den Zusammenbruch zu treiben, daß es dann unvermeidbar sei, daß die falschen Deutschen an die Macht kommen.«[4]

Lows respektlose Darstellung vieler demokratischer Politiker verführte Hitler dazu, Low 1930 sozusagen von Künstler zu Künstler um einige Originale zu bitten, die er an den Wänden des neuen nationalsozialistischen Parteihauptquartiers in München aufhängen wollte. Weniger als drei Jahre darauf wurden der EVENING STANDARD und alle Zeitungen, die Lows Cartoons druckten, in Deutschland verboten. Der Grund dafür war die Veröffentlichung von Lows Cartoon ›Es hat doch beim Reichstag geklappt – warum nicht auch hier?‹, der ausdrückte, daß Hitler den Völkerbund ebenso ausschalten konnte, wie er es schon mit dem Reichstag gemacht hatte. Low, der Hitlers

›Hit und Muss auf Achse‹, David Low

Goebbels' Zorn über Lows respektlose Art, Hitler und Mussolini darzustellen, verursachte einen diplomatischen Zwischenfall. In diesem Cartoon greift Low das Bild vom Windbeutel wieder auf, das er schon früher benutzt hatte, um Hitler zu charakterisieren.

›Der Schlüssel‹, Bert Strube, DAILY EXPRESS, 17. Februar 1938

Obwohl Strube den Anschluß Österreichs am 12. März nicht direkt vorhersagt, weist er eindeutig auf Hitlers Absichten hin.

politisches Vorgehen nach Januar 1933 beobachtet hatte, konnte ihn nicht als Geistesgestörten betrachten, wie es zum Beispiel H. G. Wells tat, und auch nicht als Schaumschläger, als der er oft von der Opposition dargestellt wurde. Low schrieb über Hitler:

Seine politischen Konzeptionen waren die eines Künstlers, in Umrissen gesehen, in groben Strichen angelegt, Fehler überpinselt, Details konnten später angebracht werden, die kühne Annäherung, kein Herumfummeln. Im Grunde ein einfacher Mensch, nicht verkompliziert durch Mitgefühl. Die superklugen politischen Analytiker legten der Bedeutung seiner Worte einen tieferen Sinn bei, übertrugen ihren komplexen Verstand auf das Objekt ihrer Beobachtung und schrieben über Hitler, als ob er ein unerklärliches Rätsel sei. Ich nahm einfach an, er würde genau das tun, was er sagte, und kommentierte dies entsprechend, und kam so sehr billig in den Ruf, ein bemerkenswert weitsichtiger Prophet zu sein, wenn es mir hin und wieder gelang, einen Cartoon zu veröffentlichen, in dem ein Ereignis dargestellt wurde, das erst viel später eintreffen sollte.[5]

Low verärgerte die Nazigrößen mit seinen Cartoons so sehr, daß Goebbels sich bei Lord Halifax, dem englischen Außenminister, über ihn beschwerte, als dieser im Spätjahr 1937 Deutschland einen Besuch abstattete.

Sobald Halifax wieder in London war, wurde Low von ihm zu einem Mittagessen eingeladen. Low fragte den Außenminister, »ob er es einfacher fände, sich für den Frieden einzusetzen, wenn seine Cartoons die Nazis nicht irritierten«. Die Antwort war ja, worauf Low sich für eine Zeitlang mit seinen Kommentaren über die Nazis zurückhielt. Er ersetzte seinen Comic strip *Hit and Muss* (Hitler und Mussolini) durch einen neuen, in dem die Hauptperson *Muzzler* (to *muzzle* heißt einen Maulkorb anlegen, mundtot machen) hieß, der Eigenschaften beider Diktatoren in sich vereinigte. Low, der überzeugt war, daß Hitler und Goebbels Halifax zum Narren gehalten hatten, war verblüfft, daß sich wohlmeinende Menschen wie Schafe alles gefallen ließen. In der CHURCH TIMES erschien beispielsweise ein Kommentar, in dem es hieß, daß »der gute Geschmack, zu dem auch Freundlichkeit gehöre, es verböte, über Themen zu spotten, die anderen heilig seien... Ich bezweifle, ob Lows Cartoons es Mr. Chamberlain leichter machen werden, die Appeasementpolitik durchzuführen.«

›Wie lange wird das Glück wohl dauern?‹ Clifford Berryman, 9. Oktober 1939 (rechts unten); ›Rendez-vous‹, David Low, EVENING STANDARD, 20. September 1939 (rechts oben); ›Hitler und Stalin‹, Kem, 1940 (oben)

Der Nichtangriffspakt zwischen Hitler und Stalin faszinierte und verblüffte die Karikaturisten. Low stellt ein Treffen zwischen den beiden nach dem Blitzkrieg gegen Polen dar. Ein interessanter Kontrast zur höflichen Verbeugung sind die Begrüßungsfloskeln, die ihre wahren Gefühle füreinander zum Ausdruck bringen.

Hitler **RENDEZVOUS** Stalin

WONDER HOW LONG THE HONEYMOON WILL LAST?

Vor Ausbruch des Kriegs befürwortete Low in seinen Cartoons eine Zusammenarbeit mit der Sowjetunion, was teilweise mit seiner politischen Einstellung zusammenhing. Low hatte die Sowjetunion besucht und herausgefunden, daß der Karikaturist Boris Efimov von der ISWESTIJA und sein Kollege von der PRAWDA 6000 Rubel im Monat verdienten, das war das Vierfache von Stalins offiziellem Gehalt. Er hatte auch erfahren, daß sie Kritik an Stalins Regime für sich behielten. Zur Zeit des Münchner Abkommens gelangte Low zu der Überzeugung, daß Großbritannien und Frankreich, Rußland und

›Polen – Lebensraum für die Besiegten‹, David Low, EVENING STANDARD, 20. Januar 1940

Lows Cartoon zeigt die ›Umsiedlung‹ der Polen und Juden in die unfruchtbare Gegend von Lublin, östlich von Krakau. Die Polen und Juden wurden aus ihren eigenen Häusern vertrieben. Die Deportation wurde angeblich vorgenommen, um Deutschen ausländischer Nationalität, die von überall in Europa ins Reich strömten, Platz zu machen. Innerhalb eines Jahres wurden rund 1200000 Polen und 300000 Juden in Richtung Osten gebracht.

POLAND.—LEBENSRAUM FOR THE CONQUERED

›Der verlorene Sieg‹,
Jean Effel,
September 1938

Hitler hatte, natürlich, in München mehr bekommen, als er zu Beginn der Krise verlangt hatte.

Amerika als Verbündete brauchten, falls Hitler einen Krieg beginnen sollte. Seine Cartoons entwerfen ein getreuliches Bild von den Beziehungen zwischen der Sowjetunion und den westlichen Demokratien und zwischen der Sowjetunion und Deutschland. In ihnen befürwortete er eine Politik, die bei den Vertretern der Appeasementpolitik keinen Anklang fand, und trug so, wenn auch nur im kleinen Rahmen, zu ihrem Scheitern bei.

Am 12. März 1938 marschierte die deutsche Wehrmacht, ohne auf Widerstand zu stoßen, in Österreich ein. Dem Einmarsch war eine Zeit diplomatischer Einschüchterungen vorausgegangen. In Goebbels Worten war Österreich nicht eine Nation, sondern eine Halluzination; Österreich hörte auf zu existieren, und Hitlers Großdeutschland wurde Wirklichkeit. Österreich ›kehrte heim ins Reich‹, wiederum ein Verstoß gegen die Bestimmungen des Versailler Vertrags. Die

›Der Fuchs und der Igel‹, John Heartfield, 1938 (links)

Heartfields Kommentar zur Sudetenkrise basiert auf La Fontaines Fabel vom Fuchs und dem Igel.

›Da fehlt ein Stück, Towarisch‹, David Low, EVENING STANDARD, 5. April 1939 (unten)

Low zeichnete diesen Cartoon nur ein paar Tage, nachdem die englische und die französische Garantieerklärung für Polen abgegeben worden war.

meisten Österreicher jubilierten, obwohl in der ersten Nacht nach dem Einmarsch allein in Wien rund 67000 Menschen verhaftet wurden.

Um zu erreichen, daß die Tschechoslowakei die Forderungen der Sudetendeutschen erfülle, übte Deutschland einen solchen Druck aus, daß die Prager Regierung schließlich die Mobilmachung anordnete. Großbritannien und Frankreich bedrängten die Tschechen, den deutschen Ansprüchen Genüge zu tun, und die Erklärung in Moskau, daß die Sowjetunion ihren Verpflichtungen gegenüber der Tschechoslowakei und Frankreich nachkommen würde, wurde ignoriert.

Die Russen beobachteten die Entwicklung sehr genau: Sie wußten, daß es in Großbritannien wie in Frankreich viele Bewunderer von Hitler und Mussolini gab und daß die faschistischen Parteien in beiden Ländern eine starke Presse hinter sich hatten. In Regierungskreisen in London und Paris wurde ein konservatives Deutschland als Bollwerk

›In die Tschechoslowakei, Fahrer‹, Vaughn Shoemaker, CHICAGO DAILY NEWS, 1938 (rechts)

Eine der gelungensten Zeichnungen von Shoemaker; Hitler wird vom Tod chauffiert.

gegen den Kommunismus angesehen; und diese Einstellung in Verbindung mit Hitlers wiederholter Aussage, daß Deutschland in den Osten expandieren müsse, wirkte auf Moskau höchst alarmierend.

Abgesehen von dem antisowjetischen Aspekt gründete die Appeasementpolitik auf der Ansicht, daß Deutschland in den Friedensverhandlungen zu schlecht weggekommen sei. Hitler lernte es, diese Ansicht auszunützen. In der internationalen Krise vor Ausbruch des Krieges stellte sich der deutsche Nationalismus in Gestalt des Nationalsozialismus als unabänderliche Realität dar, eine vitale Kraft, die befriedigt werden mußte. In München verlor die Tschechoslowakei ihre Grenzgebiete, ihre Befestigungen und die meisten ihrer deutschen Bürger, dadurch wurde das Land praktisch wehrlos. Heartfield benutzte die Fabel vom Fuchs und dem Igel, um die tschechische Lage zu illustrieren. Der tschechische Igel trägt einen Stahlhelm und anstelle seiner Stacheln stellt er Bajonette auf. Er steht dem Fuchs gegenüber, hinter dem Kanonenrohre sichtbar sind. Der Fuchs sagt zum Igel: »Vertrau mir, zieh die Stacheln ein, nie hätt' ich dich gebissen! Du störst den Frieden ohne Not, Ich fühle mich direkt bedroht, Ich wollt' dich ja nur – küssen!« In Amerika kommentierte Fitzpatrick den unaufhaltsamen Vormarsch Hitlerdeutschlands mit der lakonischen Frage »Was kommt als nächstes?«

Obwohl Hitler schriftlich erklärte, daß er nach dem Anschluß des Sudetenlandes an das Reich keine territorialen Forderungen mehr erheben werde, und Chamberlain bei seiner Rückkehr den ›Frieden in unserer Zeit‹ verkündigte, stand Schlimmeres bevor. Am 15. März 1939 marschierten deutsche Truppen in Prag ein. Zu jener Zeit war die Politik ›des kollektiven Sicherheitssystems‹ schon fast gescheitert. Der Cartoon ›Da fehlt ein Stück, Towarisch‹ zeigt den russischen Außenminister Maxim Litwinow, einen der Hauptbefürworter dieser Politik, der Beck, den polnischen Außenminister, und Chamberlain auf das Sicherheitsrisiko hinweist. Anfang April 1939 richtete sich die Nazipropaganda gegen Polen, von dem die Rückgabe Danzigs und des polnischen Korridors verlangt wurde: Chamberlain und Daladier boten daraufhin Polen und Rumänien ihren Beistand an. Die Sowjetunion lehnte es ab, diese Beistandserklärungen zu unterschreiben, statt dessen machte Litwinow ein Bündnisangebot an Großbritannien und Frankreich. Chamberlain zögerte, denn er wollte Hitler nicht provozieren. Als dann zwei Monate später die Verhandlungen über eine Dreierallianz in Moskau begannen, hatte Stalin die sowjetische Position revidiert. Litwinow war durch Molotow ersetzt worden, der den Westmächten mißtraute. Die Unterhändler Halifax, Strang und Maisky, der sowjetische Botschafter in London, der außenpolitisch derselben Schule wie Litwinow angehörte, konnten Molotow nicht dazu bewegen, dem Vertrag zuzustimmen. Molotow hatte schon erste Gespräche in Berlin geführt, und die Sowjets stellten inzwischen höhere Forderungen. Dazu gehörte freie Hand bei einem ›indirekten Angriff‹ auf die baltischen Staaten sowie das Recht der Roten Armee, durch Polen zu marschieren, ein Punkt, bei dem die Polen keine Zugeständnisse machen wollten. Molotow war wenig geneigt, sich durch ein Bündnis festlegen zu lassen.

Am 23. August 1939, als die deutsche Kampagne gegen Polen voll im Gange war, wurde der Nichtangriffspakt zwischen der Sowjetunion und Deutschland unterzeichnet, in einem geheimen Zusatzprotokoll wurde Polen zwischen Rußland und Deutschland aufgeteilt. Low stellte in einem Cartoon, der am 20. September 1939 erschien, das neue, höfliche Verhältnis zwischen Stalin und Hitler dar und kontrastiert es zugleich mit den weniger höflichen Bezeichnungen, die sie früher füreinander übrig hatten. In einem Cartoon malte Low die grausamen Konsequenzen von Hitlers Lebensraumpolitik im Osten aus: Der Plan für ein erobertes Polen schloß die Rekrutierung polnischer Kriegsgefangener für die deutsche Kriegsindustrie mit ein sowie die Umsiedlung der polnischen Juden in die unfruchtbare Gegend um Lublin.

›Dr. Jekyll und Mr. Hyde‹, Bernard Partridge, PUNCH, 17. April 1940

Krieg – ›Das letzte Ziel der Politik‹

1944 schrieb David Low:

Wenn es Hitler bisher auch nicht gelungen ist, seine ›neue Ordnung‹ in ganz Europa durchzusetzen, eines hat er sicherlich geschafft: die Vereinten Nationen der Karikaturisten. Die Arbeiten der graphischen Satiriker auf der ganzen Welt weisen heute eine deutlich erkennbare Ähnlichkeit miteinander auf. Schon vor dem Krieg hatten identische Reproduktionsmethoden viel dazu beigetragen, Form und Präsentationstechnik zu vereinheitlichen, was noch gefehlt hatte, war ein Ereignis, das alle zu einer ähnlichen Betrachtungsweise inspirierte. Dieses Ereignis war Hitler. Nun sind die Cartoons aller zivilisierten Nationen praktisch austauschbar geworden, trotz Bildunterschriften und Titel in fremder Sprache (man kann sie in der Regel erraten)... Sie spiegeln die gemeinsame Einstellung zu dem einzigen Tagesthema wider – Krieg gegen Nazideutschland.[1]

In der Tat gab es während des Krieges einen regen Austausch von Ideen und Techniken: das Ergebnis davon war ein höchst einheitliches Bild von Hitler und seinem Deutschland. Hitler selbst war nun schon lange genug auf der internationalen Szene, so daß sein Handeln vertraut geworden war; ein oder zwei weitere Nazigrößen – Göring und Goebbels – waren ebenfalls berechenbar geworden. Heinrich Himmler, der Polizeichef, stieg erst während des Krieges in die Führungsspitze auf; aus diesem Grund war er vor 1939 kaum karikiert worden. Die Künstler zogen es vor, eher Ereignisse zu illustrieren statt das Wesen des Naziregimes oder Hitlers Charakter zu analysieren. Im Gegensatz zu früheren Karikaturen, in denen Hitler von George Grosz zum Beispiel sehr genau und subtil dargestellt worden war, wurde Hitler während des Krieges viel gröber gezeichnet. Es genügte, sein kurzgeschnittenes Oberlippenbärtchen und die schräg

›Der neue Beherrscher der Welt‹,
David Fitzpatrick,
ST. LOUIS POST-DISPATCH,
30. Oktober 1938

Noch vor Ausbruch des Krieges drückt Fitzpatrick die Ansicht aus, daß die Luftwaffe in einer modernen militärischen Auseinandersetzung die entscheidende Rolle spielen würde. Zugleich weist er auf die tödliche Gefahr hin, die von ihr ausgeht.

über die Stirne fallenden Haare, die eine bohemienhafte, nichtmilitärische Vergangenheit andeuteten, zu skizzieren. Der Trick war einfach, und er konnte gleichermaßen dazu dienen, Hitler als Teufel oder als Dummkopf darzustellen. Hätte er in dieser Angelegenheit wählen dürfen, hätte Hitler sicher die erstere Ansicht bevorzugt, aber öfter wurde er als Dummkopf abgebildet.

Selbst einige seiner Vertrauten sprachen von Hitlers ›pathologischer Kampfnatur‹; Krieg war für ihn die ›stärkste und klassischste Ausprägung der Politik‹, das ›letzte Ziel der Politik‹. Er war der Überzeugung, daß eine lange Friedensperiode der Nation unsäglichen Schaden zufüge; im Krieg, nicht im Frieden sah er den natürlichen Zustand der Menschheit. Der Erste Weltkrieg hatte Hitler und seine Generation geprägt: viele von ihnen blieben fasziniert von Krieg, Feindseligkeit und Blutvergießen; Friede empfanden sie als unerquicklich, als langweilig. Im Krieg sah Hitler die beste Chance, mehr Territorium zu gewinnen, und es fehlte nicht viel, daß er die Idee eines immerwährenden Krieges formulierte. Wie weit die Macht und Größe Deutschlands auch reichen würde, man würde immer wieder an neue Grenzen stoßen, die neue Konflikte hervorrufen würden. Auf diese Weise, glaubte Hitler, würde die neue deutsche Rasse abgehärtet werden.[2]

Das Kriegsende konnte sich Hitler nur in extremen Alternativen vorstellen. Sieg, Ruhm und ein wesentlich besseres Leben waren die Belohnung für einen erfolgreich geführten Krieg. Auslöschung, Katastrophe und Tod drohten nach einer Niederlage. Eine recht einfache, nicht realistische Ansicht, die vielleicht in Hitlers verkorkster Persönlichkeit begründet ist, weit entfernt von der Komplexität von Krieg und Frieden im zwanzigsten Jahrhundert. 1939 stellte es sich heraus, daß Hitler das diplomatische Verhalten, das er auf seinem Weg zur Macht, dann im Prozeß, Deutschland unter seine Kontrolle zu bringen und in der Außenpolitik der letzten Jahre an den Tag gelegt

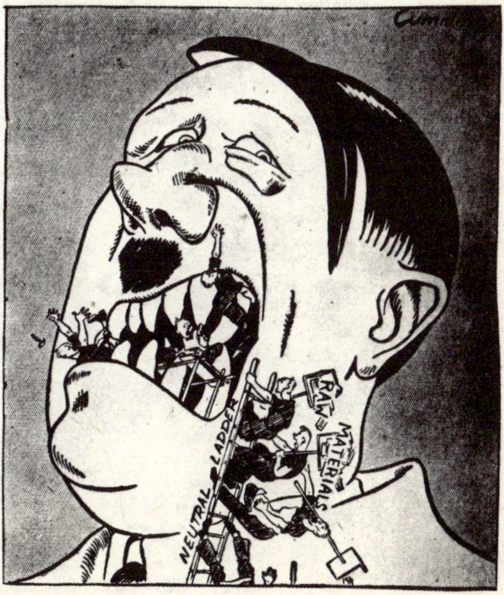

›Aber wir dachten, wenn wir dir Zähne gäben, würdest du uns niemals auffressen‹, Cummings, NEWS CHRONICLE, 17. April 1940

Cummings Cartoon weist auf Hitlers Verrat am neutralen Norwegen und Dänemark hin.

hatte, nicht mehr gefiel. Er hatte dabei stets wie ein vorsichtiger Pirat gehandelt, der alle Möglichkeiten, die sich ihm boten, ausschöpfte. Der Krieg mit seinen radikalen Alternativen entband ihn von solchen Zwängen. Hitler gab seine taktisch Flexibilität zugunsten einer starren Haltung auf; Ideologie ersetzte Politik.

Obwohl Hitlers politische Ansichten im zwanzigsten Jahrhundert anachronistisch waren, an der technischen Ausrüstung, mit der Hitlers Deutschland den Krieg führte, war nichts veraltet. Die enorme Anzahl von Panzern, die von der Luftwaffe unterstützt wurden, ließen auf Beweglichkeit schließen, ganz im Gegensatz zu der statischen Kriegführung mit Schützengräben, die im Ersten Weltkrieg üblich war. Die Dominanz der Technik in der modernen Kriegführung regte Fitzpatrick in Amerika zu mehreren Zeichnungen an: zum Beispiel zu dem durch nichts aufzuhaltenden mechanischen

›Das Eisen kehrt zurück‹, David Low, EVENING STANDARD, *25. April 1940*

Die Norweger hatten bereitwillig ihr Eisenerz an die nazideutsche Rüstungsindustrie verkauft, ohne zu ahnen, daß es in Form von Panzern und Flugzeugen zu ihnen zurückkehren würde.

Hakenkreuz in ›Was kommt als nächstes?‹ (Abbildung Seite 162). David Low nahm sich desselben Themas an in seiner Zeichnung ›Das Eisen kehrt zurück‹. Das Eisenerz, das die Norweger an Deutschland verkauft hatten, kehrte in der Form von Panzern und Flugzeugen zurück.

Hitler sehnte den Krieg herbei und provozierte ihn, deshalb stellt sich für das Jahr 1939 im Gegensatz zu 1914 nicht die Frage nach der Kriegsschuld. Aber im September 1939 war Deutschland noch nicht kriegsbereit – oder zumindest nicht in der Lage, neben Polen auch noch Großbritannien und Frankreich zu bekämpfen. Bei Kriegsausbruch gab es keine jubelnden Menschenmassen in Berlin, wie es sie 1914 gegeben hatte. Nur etwa die Hälfte von Hitlers 102 Divisionen waren kampfbereit; die Marine hatte noch nicht einmal die Stärke, die ihr im englisch-deutschen Flottenvertrag zugestanden worden war, und sie war sowohl der Marine Großbritanniens als auch Frankreichs unterlegen. Lediglich die Luftwaffe mit ihren 3298 Flugzeugen war am Vorabend des Krieges den gegnerischen Einheiten überlegen. Munitionsvorräte waren niedrig, und die Truppen nicht genügend ausgerüstet, und Deutschland mußte fast alle strategisch wichtigen Rohstoffe wie Bauxit, Zinn, Öl und Kupfer (je 99 Prozent, 80 Prozent, 75 Prozent und 70 Prozent) importieren. Diese Mängel zwangen Deutschland eine bestimmte Art der Kriegführung auf: und zwar eher ein Blitzkrieg gegen ausgesuchte Ziele als einen lange andauernden Krieg gegen eine breite feindliche Front. Schon in den Anfängen wurde Hitlers Glaube an seine Unfehlbarkeit offensichtlich; nur Künstler, sagte er, könnten große Generäle werden.

Dennoch fand sich Hitler im Oktober 1939, nach der raschen Niederlage Polens, in einer Situation, die er falsch eingeschätzt hatte. Er hatte die Haltung Großbritanniens und Frankreichs kurz vor Beginn des Krieges nicht richtig beurteilt und geglaubt, daß nach der Unterwerfung Polens zumindest Großbritannien seine falsche Handlungsweise erkennen würde. Er hatte auch angenommen, daß Stalin Rußland an Deutschlands Seite kämpfen ließe. Später, im März 1940, kurz bevor der Sitzkrieg, der Scheinkrieg im Westen, zum Blitzkrieg wurde, glaubte Hitler, daß die Entscheidung in Frankreich fallen würde. Der Krieg im Westen war für ihn ein Umweg, wichtig war die Offensive gegen den Osten. Aber es dauerte noch zwei Jahre, ehe Hitler seinen Truppen den Befehl gab, Rußland anzugreifen. Der

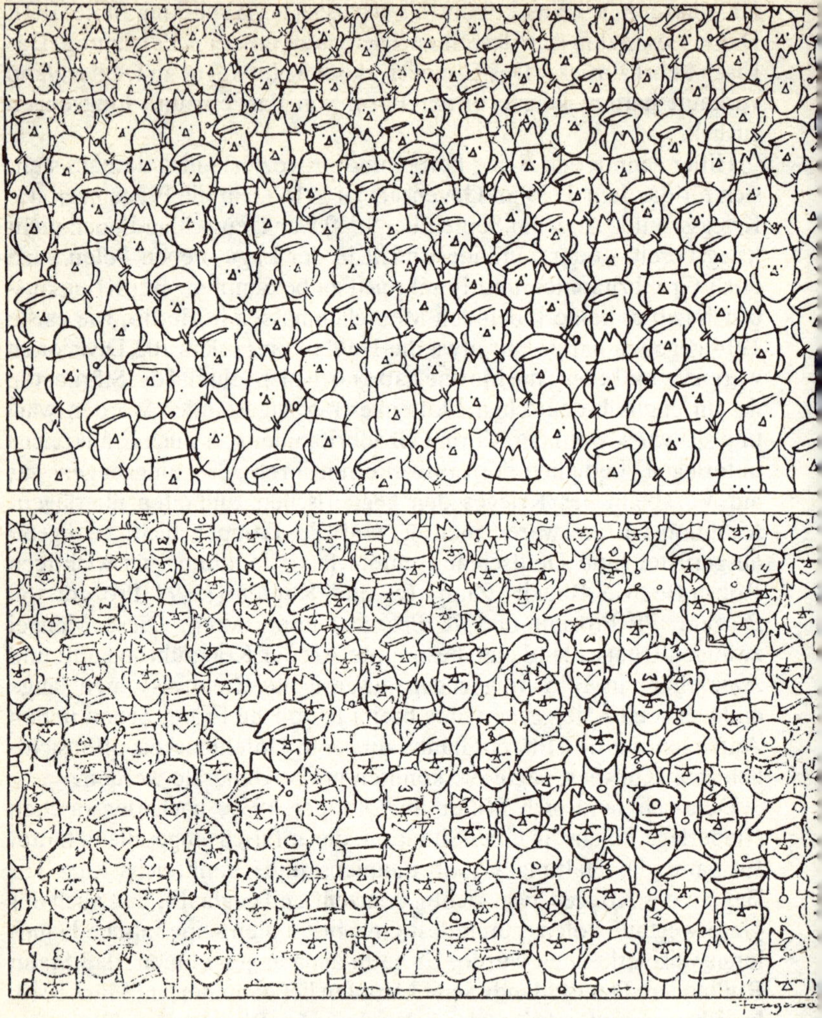

›Das sich wandelnde Gesicht Großbritanniens‹, Fougasse, PUNCH, 17. Januar 1940

Fougasse (Cyril Kenneth Bird) zeigt deutlich die allgemeine Mobilmachung in Großbritannien.

Krieg im Westen war zu jenem Zeitpunkt allerdings immer noch nicht zu Ende und Großbritannien unbesiegt. Seiner Ansicht nach war der Zweite Weltkrieg die Fortsetzung des Ersten: am 23. November 1939 sagte er: »Heute wird der zweite Akt dieses Dramas geschrieben.« Das Verlangen nach mehr Lebensraum und die Angst vor einer sozialistisch-revolutionären Bedrohung ergänzten sich vorzüglich: Hitler, der im Ersten Weltkrieg nur eine Nebenrolle gespielt hatte, hatte im Zweiten Weltkrieg die Bühne ganz für sich allein. In beiden Kriegen war die Expansionspolitik in den Osten der Schlüssel für Deutschlands Streben nach einer Weltvormacht. Hitlers österreichische Abstammung und seine Jugenderfahrungen halfen ihm, die osteuropäischen Konsequenzen von Deutschlands imperialistischer Politik zu verstehen; nach der russischen Revolution von 1917 machte die durch die sozialistische Drohung entstandene Besorgnis der Mittel- und Westeuropäer Deutschlands Drang nach Osten zu einer Frage des Überlebens. Aber Hitler war wie seine Vorgänger im Ersten Weltkrieg unvorsichtig und setzte Deutschland einem Zweifrontenkrieg aus, und zugleich unterschätzte er auch die Ausdauer der Briten.

Der Krieg zog natürlich die Aufmerksamkeit aller Karikaturisten auf sich. Im Mittelpunkt stand Hitler mit seinem Oberlippenbärtchen und den über die Stirne fallenden Haaren. Um ihn herum wurde die seelenlose Kriegsmaschinerie in Gefechtsformation aufgestellt: ausdruckslose Ungeheuer, die die Technologie des modernen Industriestaates hervorgebracht hatte. Dennoch neigten die Karikaturisten im großen und ganzen dazu, die Technologie zu ignorieren; ihre Aufgabe war vielleicht schwieriger, als die von Goya zum Beispiel gewesen war, denn im Gegensatz zu diesem sahen sie das Leiden der gewöhnlichen Menschen nur selten mit eigenen Augen. Ihre Werke verloren an Subtilität, sie wurden aggressiver und, als der Appell an patriotische Gefühle verstärkt wurde, trat das Propagandaelement in der Karikatur in den Vordergrund. Die Künstler fühlten sich genötigt, ihrer patriotischen Pflicht nachzukommen, und dies wurde besonders deutlich, wenn sie die Heimatfront behandelten. Sie gossen ihre ganze Häme über den Feind aus: in der Heimat klärten sie auf und lobten sie. Der ›Waffenstillstand‹ mit den Gegnern im eigenen Lande veränderte die Stellung der Karikatur sowie die Stellung der Karikaturisten.

›Die unbesiegbare Moral der Bevölkerung‹, Clive Upton, DAILY SKETCH, 7. September 1940 (oben)

Dieser Cartoon drückt den fast unglaublichen Patriotismus der britischen Bevölkerung in einer ihrer dunkelsten Stunden aus. (Die Briten verloren mehr Flugzeuge, als sie produzieren konnten.) Dennoch wird suggeriert, daß die deutsche Luftwaffe die Luftschlacht verlieren wird.

›Erntemond‹, David Low, EVENING STANDARD, 9. Mai 1941 (rechte Seite)

Die Erfindung von Radar machte die Nachtangriffe der deutschen Luftwaffe zu einer kostspieligen Angelegenheit.

Künstler, deren Kennzeichen Respektlosigkeit war, gaben vorübergehend ihre frühere Einstellung auf. Churchill hatte gerade eine Regierung gebildet, in der sowohl Angehörige der Labourpartei als auch Liberale saßen, und er versprach den Briten eine Zukunft voll ›Blut, Schweiß und Tränen‹. Ehe am 10. Mai 1940 die deutsche Offensive im Westen eingeleitet wurde und während der ›Battle of Britain‹ spielte die Luftwaffe die wichtigste Rolle in der Kriegführung. Hermann Göring, ihr Oberbefehlshaber, hatte schon 1940 geprahlt, daß seine Luftwaffe unbesiegbar sei, dies habe sich ja schon in Polen und Frankreich gezeigt. England gab er zwei, maximal drei Wochen.[3] In Wirklichkeit scheiterte die Luftwaffe bei ihrem Versuch, den Luftraum Europas unter ihre Kontrolle zu bekommen. Göring betrachtete sie hauptsächlich als eine offensive, taktische Waffe.

HARVEST MOON

›Madame Laval, Puffmutter‹
Adolf Hoffmeister, 1943 (oben)

Hoffmeister zeigte Laval als Bordellbesitzerin, die Hitler ein nacktes und wehrloses Frankreich anbietet. Gegen Ende 1942 hatte der verräterische Laval tatsächlich Hitlers Pläne für eine Besetzung von ganz Frankreich gutgeheißen.

›Die Maske‹, anonym, ›Fastnachtsdienstag‹, 24. Februar 1941 (rechts)

Obwohl Laval noch nicht Premierminister von Frankreich geworden war, wußte der Urheber dieser Zeichnung ganz genau, daß er mit den Nazis zusammenarbeitete.

MARDI-GRAS

Flugzeuge zur Verteidigung und schwere Maschinen zum strategischen Bombardieren waren weniger gut entwickelt, und dies sollte schließlich Deutschland den Sieg kosten.

Die Schwächen der deutschen Luftwaffe wurden in der ›Battle of Britain‹ offenbar. Sie hatte jetzt nicht mehr die Aufgabe, Panzer und Infanterie in einem Blitzkrieg zu unterstützen, sondern sie sollte die RAF (britische Luftwaffe) zerstören und die Moral der britischen Bevölkerung vor der Invasion brechen. Die erste Aufgabe ist ihr beinahe gelungen. In den letzten beiden August- und in der ersten Septemberwoche 1940 verloren die Briten mehr Kampfflugzeuge, als sie produzieren konnten; viele Flugplätze in Südwestengland wurden bombardiert und etwa ein Viertel aller Piloten waren verletzt oder tot. Anfang September erhielten die Deutschen den Befehl, den Kampf mit der RAF aufzugeben und statt dessen London und britische Flugzeugfirmen anzugreifen. Aber in diesem Manöver zeigte sich die deutsche Luftwaffe schwach, verglichen mit der strategischen Bombardierungsoffensive der Alliierten 1944. Deutschlands Luftoffensive gegen Großbritannien wurde im Mai 1941 abgebrochen, als nur noch vier von ursprünglich vierundvierzig Bomberstaffeln einsatzfähig waren. Inzwischen war jedoch der größte Teil der Luftwaffe im Osten eingesetzt worden, und Großbritannien blieb als einziges Land im Westen übrig, von dem aus weiterhin eine Kampagne gegen Hitlerdeutschland möglich war.

Viele Karikaturisten stellten die ungebrochene britische Kampfbereitschaft dar. Fougasse drückt dies sehr subtil in seiner Zeichnung ›Das sich wandelnde Gesicht Großbritanniens‹ aus. Etwa zur Zeit, als die deutsche Luftoffensive gegen England abgebrochen wurde, zeichnete David Low den Cartoon ›Erntemond‹. Er enthielt eine versteckte Anspielung auf die Erfindung des Radar, der es der britischen Luftwaffe ermöglichte, der deutschen Luftwaffe bei Nachtangriffen schwere Verluste zuzufügen. Zu dieser Zeit war fast ganz Westeuropa von den Deutschen besetzt. Adolf Hoffmeister stellte Laval als Puffmutter zwischen dem wehrlosen, entblößten Frankreich und Hitler dar.

Obwohl Hitlers Position im Frühjahr 1941 in Mittel- und Westeuropa stark schien, war sie doch verletzbar. Dazu kam, daß die verschiedenen Kollaborateure und ihre Regimes im besetzten Europa von einer unsicheren politischen Basis aus operierten. In dieser Situation

›Familienfoto‹, Stephen Roth

Roths Bildunterschrift zu diesem Gruppenbild von Hitlers Verbündeten und Kollaborateuren lautet: »Kinder, laßt uns ein Familienfoto machen – wer weiß, ob wir nächstes Jahr noch alle beisammen sein werden.« Man erkennt Marschall Mannerheim von Finnland, Mussolini, Quisling von Norwegen, Laval, Boris von Bulgarien, Horthy von Ungarn und den Slowaken Tiso.

wandte Hitler seine Aufmerksamkeit dem Osten zu. Feldmarschall von Bock wies Hitler in einer Unterredung im Februar 1941 darauf hin, daß die Russen gewaltige Niederlagen aushalten könnten, ohne deswegen bereit zu sein, Frieden zu schließen, doch Hitler antwortete darauf ganz beiläufig, daß die Sowjets nach der Eroberung der Ukraine, Moskaus und Leningrads ›sicher in einen Vergleich einwilligen‹ würden. Hitlers Truppen marschierten im April 1941 in Jugoslawien und Griechenland ein, am 22. Juni wurde Rußland an einer 2000 Meilen langen Front angegriffen. Die Balkanoperation war der Grund, warum der Angriff auf die Sowjetunion um vier Wochen verschoben werden mußte. Diese Verschiebung mag fatal gewesen sein. Es ist möglich, daß sich Hitler der Schwäche seiner Position bewußt war. Die Gefahr, die für Deutschland von einem Zweifrontenkrieg ausging, war schon im Ersten Weltkrieg deutlich geworden. Mussolinis Italien hatte in den afrikanischen Kampagnen und bei der Balkanoperation militärische Schwächen gezeigt, was dazu führte, daß sich die Beziehung zwischen Hitler und Mussolini verschlechterte und eher einem Verhältnis zwischen Herr und Sklaven glich als zwischen Verbündeten.

Aber im Frühjahr 1941 dachte Hitler nicht daran, die Möglichkeit einer deutschen Niederlage in Betracht zu ziehen. Ein schneller Sieg im Osten würde es ihm leicht machen, mit Großbritannien zu verhandeln. Im Sommer 1941 bot sich Hitler die letzte Chance, seinen großen Plan zu vollenden. Ein sich lange hinziehender Zermürbungskrieg jedoch würde Deutschland in zunehmendem Maße von Rohstoffen aus Rußland abhängig machen. Hitler wollte solch einer Entwicklung möglicherweise zuvorkommen. Er unterschätzte das militärische Potential der Sowjetunion so sehr, wie er das deutsche überschätzte; er war überzeugt, daß Deutschland im Westen sicher sei und daß er ein Verbrechen gegen das deutsche Volk beginge, wenn er nicht die Gelegenheit nützte, Rußland anzugreifen. Der Moskauer Vertrag, der, wie Hitler sagte, nie ehrlich gewesen sei, würde gebrochen werden. Ein lauter Seufzer der Erleichterung ging durch alle Propagandastellen, nachdem der Feldzug gegen Rußland begonnen hatte: endlich konnte man die künstliche Zurückhaltung gegen den verhaßten Bolschewismus aufgeben.

Eine Woche nach der Invasion gab Goebbels folgende Presseanweisungen heraus:

Die Meldungen aus aller Welt lassen erkennen, daß ein Aufbruch Gesamteuropas gegen den Bolschewismus zu verzeichnen ist, wie er bisher noch nicht festzustellen war. Europa marschiert gegen den gemeinsamen Feind in einer einzigartigen Solidarität und steht gewissermaßen gegen den Unterdrücker jeder menschlichen Kultur und Zivilisation auf. Diese Geburtsstunde des neuen Europa vollzieht sich ohne Forderung und Zwang deutscherseits. Vielmehr lassen selbst kleine und kleinste Völker erkennen, daß sie die gemeinsame europäische Aufgabe verstanden haben, indem sie ihre Völker zum Blutopfer ihrer Söhne für die gemeinsame Idee aufrufen. Aus diesem Grunde wollen wir auch nicht von einem Kreuzzug sprechen. Den Zeitschriften erwächst hier eine ungeheure Aufgabe, da es gerade in Hinsicht auf Amerika unerläßlich ist, daß die Gemeinsamkeit Europas im Kampf gegen

›Melancholie‹, Antonín Pelc, 1943

Anfang 1943 waren die italienischen Truppen in Nordafrika besiegt worden. Mussolini selbst war krank und desillusioniert. Unter der Bevölkerung machte sich Defätismus breit. Hitler erklärte zwar immer noch, daß ›die Stimme der Geschichte‹ sie gerufen habe, aber Mussolini war am Ende. Pelc zeigt Hitler als Hamlet, der sinnierend mit dem Schädel seines alten Verbündeten vor dessen Grab steht.

den Bolschewismus klar auch für die neue Welt zum Ausdruck kommt. Jetzt ist auch die große Stunde gekommen, mit der englischen Phrase und These abzurechnen, Adolf Hitler sei ein Diktator, der wie ein moderner Dschingis Khan ruhelos von Land zu Land eile, weil ihn eine Aggression zu der anderen, weiteren und neuen zwinge. Adolf Hitler hat sich demgegenüber als der Heerführer Europas für die gemeinsame Kultur und Zivilisation erwiesen, der auf die Anerkennung der gesamten europäischen Welt stößt.[4]

Finnische, ungarische, slowakische, italienische und rumänische Einheiten nahmen am Rußlandfeldzug teil; später schlossen sich ihnen Freiwillige aus Spanien, Belgien, Frankreich, Holland und Norwegen an. Aber Hitlers Wehrmacht hatte die Hauptlast zu tragen: darauf wies Boris Efimov in einer Zeichnung hin, die im KROKODIL, Moskaus satirischem Magazin, erschien. David Low kontrastiert die ›treulosen Roten‹ mit Hitlers Anspruch, die europäische Zivilisation zu repräsentieren in dem Cartoon ›Vergnügungsfahrt nach Moskau‹, der am 7. Juli 1941 erschien. Obwohl die Deutschen rasch tief nach Rußland vorstießen, gelang es ihnen nicht, bis Weihnachten 1941 Leningrad und Moskau einzunehmen. Um das Vertrauen in der Heimat wiederherzustellen, kündigte Hitler an, er werde das Oberkommando persönlich übernehmen, damit sich seine Gabe der Intuition voll auf die Armee auswirken könne. David Low kommentiert Hitlers ›schlafwandlerische Sicherheit‹ in seinem Cartoon ›Von nun an folgt die Armee meiner persönlichen Intuition!‹. Fitzpatricks Einstellung zu der neuen Situation war gespalten. Einerseits erkannte er, daß Rußland die größten Anstrengungen unternehmen mußte, um die Angreifer zurückzuschlagen, andererseits schien ihm eine Allianz zwischen Großbritannien und Rußland schier unglaublich.

Das vermutlich erfolgreichste Propagandasymbol, das im Krieg benutzt wurde, war Churchills V-Zeichen, das für *victory* (Sieg) stand. Dieses Zeichen wurde auch in den Sendungen der BBC ins besetzte Europa als Erkennungsmelodie verwendet; die Anfangstakte von Beethovens Fünfter Sinfonie, drei kurze und eine lange Note, stehen im Morsealphabet für den Buchstaben ›V‹. Goebbels und andere Nazigrößen machten sich Sorgen, als das V-Zeichen bildlich und musikalisch im besetzten Europa immer häufiger auftauchte. Deshalb gab Goebbels vor, es stünde für Viktoria, eine nicht näher zu identifizierende deutsche Siegesgöttin, oder für *veni, vidi, vici* und den Sieg Deutschlands über den Bolschewismus.

›Belgien aufs neue besucht‹, David Low, 16. Mai 1940 (rechts oben) und ›Was soll das heißen: ‚Ich weiß nichts davon?'‹ Giles, EVENING STANDARD, 9. Mai 1941 (oben)

Giles' humorvoller Cartoon lenkt die Gedanken für einige Augenblicke vom Schicksal Hollands im Jahre 1940 ab.

›Die Stimme seines Herrn‹, Trier (rechts unten)

Triers Cartoon bezieht sich auf die letzte Phase von Mussolinis Karriere. Vor vielen Jahren war es Hitler gewesen, den Mussolinis Fähigkeiten, vor allem auf dem Gebiet der Rhetorik, stark beeindruckt hatten.

THE DEAD OF 1914-18
LOW

Trier

›Hitlers östliche Verbündete‹, Boris Efimov, 1942 (oben)

Hitlers östliche Verbündete waren nicht nur zerlumpte Gestalten, sondern auch nicht gerade besonders enthusiastisch, was die Unterstützung des Reichs betraf.

›Die Verwandlung der Fritze‹, Kukriniksy, 1941/42 (rechts)

Aus Hitlers Entschluß, Territorium um jeden Preis zu halten, entstand schnell eine ›Weiße Armee‹ des Dritten Reiches – die Toten, die unter dem Schnee begraben lagen.

Von allen Karikaturisten, die während des Krieges künstlerisch tätig waren, interpretierte David Low vermutlich am gekonntesten die deutsche Heimatfront. Deutsche und viele andere Künstler vom Kontinent schienen im Exil nicht zu großen Leistungen fähig zu sein. John Heartfield zum Beispiel, der den Krieg in London verbrachte, produzierte zwar ein paar Fotomontagen, aber sie waren weniger gelungen und weniger originär als seine früheren Arbeiten. David Low bewies eine sichere Hand, und er schreckte nicht davor zurück, das Thema der deutschen Heimatfront zu behandeln. Im Sommer 1942 zeichnete Low mehrere Cartoons, die seine Meisterschaft in diesem Thema beweisen. Er wies zum Beispiel mit dem Cartoon ›Wieviel für diese Ladung?‹, den er am 6. Juli zeichnete, auf die Abhängigkeit der deutschen Rüstungsindustrie von Fremdarbeitern hin. Je weiter die deutschen Besatzungstruppen in den europäischen Osten vordrangen, desto schlimmer führten sie sich auf: in Rußland waren sie barbarisch. Himmler wurde die Verantwortung übertragen, im Operationsbereich ›Sonderaufgaben‹ zu überwachen, die aus dem ›Kampf zweier entgegengesetzter politischer Systeme‹ entstehen. Juden, kommunistische Parteifunktionäre, Zigeuner und ›Asiatisch-Minderwertige‹ mußten ausgerottet werden. Eine Propagandakampagne gegen ›slawische Untermenschen‹ wurde eingeleitet; Wehrmachtsangehörige wurden wegen Straftaten gegen Zivilpersonen nicht mehr verfolgt. Kommunistische politische Kommissare waren grundsätzlich sofort zu erschießen, und der Bolschewismus wurde als die größte Gefahr aus dem Osten seit Dschingis Khan dargestellt. In Moskau stellte Boris Efimov Himmler als eine Spinne dar (vergleiche Seite 104); in London informierte David Low im September 1942 seine Leser über das Schicksal der Juden. Methoden der Massenvernichtung, die die Nazis zum ersten Mal im Rußlandfeldzug anwandten, wurden auch im Zuge von Hitlers ›Endlösung‹ der Judenfrage eingesetzt.

Einige Monate nach Hitlers Angriff auf Rußland, am 7. Dezember 1941, griffen 350 japanische Trägerflugzeuge die amerikanische Flotte in Pearl Harbour an. Vier Tage später erklärte Hitler den Vereinigten Staaten den Krieg, einen Krieg, vor dem er zuvor stets zurückgeschreckt war. In den ersten Kriegsjahren hatten die USA Großbritannien und die Sowjetunion materiell unterstützt, aber viele Amerikaner lehnten eine Einmischung in die traditionellen, oft unbegreiflichen Auseinandersetzungen der Europäer ab. Fitzpatrick exemplifizierte dieses Mißtrauen; Anfang 1941 schien ihm eine Intervention in Europa ein tödliches Abenteuer.

Die russische Invasion und der Kriegseintritt Amerikas im Jahre 1941 markierten den Wendepunkt des Krieges. Es wird behauptet[5], daß Hitlers Entscheidung, Amerika den Krieg zu erklären, bedeutet, er habe erkannt, daß seine Pläne gescheitert waren. Den geringen Vorteil, den Deutschland von diesem Entschluß hatte, war, daß die deutsche Marine nun ohne Einschränkung Krieg führen konnte. Aber

›Vergnügungsfahrt nach Moskau‹, David Low, EVENING STANDARD, 9. Juli 1941

Hitler griff am 22. Juni 1941 die UdSSR an; er glaubte damals, daß die Nazis innerhalb von drei Monaten siegen würden. Lows Kommentar ist hier, daß Hitlers erster Angriff sich als unerwartet schwierig herausstellte, obwohl sich die Russen zunächst zurückzogen.

RUSSIAN TREACHERY

es konnte nicht verborgen bleiben, daß Hitler innerhalb von zwei Jahren eine vorteilhafte politische und militärische Position verspielt hatte und nun einer unbesiegbaren Gruppe von Staaten gegenüberstand. Im folgenden Jahr begann sich die Überlegenheit der Allianz abzuzeichnen. Ende Oktober 1942 wendete sich in Afrika das Blatt zugunsten der Briten in der zweiten Schlacht von El Alamein. Dennoch galt Hitlers ganze Aufmerksamkeit der Ostfront, wie das schon seit 1941 der Fall war; alle anderen Kriegsschauplätze spielten nur eine Nebenrolle. Den Krieg an der Ostfront betrachtete er als

›Auf nach Moskau‹, Kukriniksy, 1942

Diese Karikatur vergleicht Hitlers zuversichtlichen Marsch auf Moskau im September 1941 mit seinem demütigenden Rückzug im Dezember desselben Jahres. Im ersten Bild schlägt er die ›Blitzkriegstrommel‹ und ist sich gewiß, daß die russische Bevölkerung Stalin stürzen würde. Im zweiten Bild wird die Trommel zurückgeschleudert und an Hitlers Kopf zerschmettert.

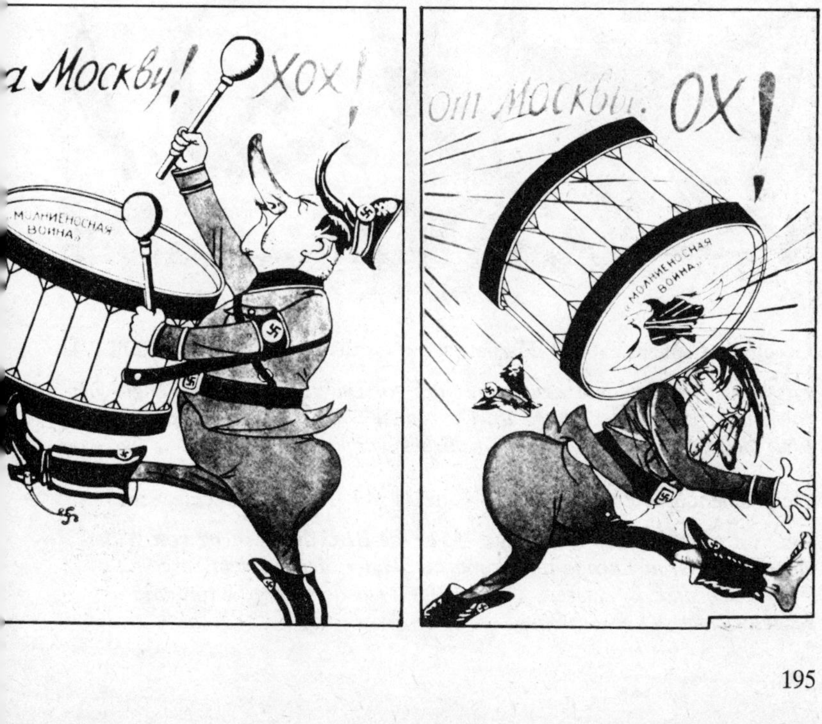

Gesellschaftsnachricht‹, D. Fitzpatrick, ST. LOUIS POST-DISPATCH, 9. Juli 1941

Fitzpatrick fertigte diese Zeichnung kurz vor Unterzeichnung des englisch-sowjetischen Bündnisvertrags an. Die steifen Posen suggerieren, daß Fitzpatrick dieses Bündnis als etwas Künstliches betrachtete.

›Sehr lebendig!‹, Philip Zec, DAILY MIRROR, 17. Juli 1941 (rechte Seite)

Zecs Cartoon erschien zwei Tage, bevor die BBC die Existenz von Widerstandsgruppen in Europa publik machte. Hitler, der auf dem Sarg von Frankreich sitzt, ist entsetzt, als eine Hand aus dem Sarg kommt und das Siegeszeichen ›V‹ an die Wand schreibt.

ideologischen Krieg im traditionellen Sinne. Hitler trachtete nicht danach, Kolonien in Übersee zu erwerben, statt dessen griff er eine europäische Großmacht an mit dem Ziel, sie zu zerstören.

Allmählich verlor Hitler das Interesse an allen anderen Kriegsschauplätzen. Sein Hauptquartier wurde hinter der Ostfront errichtet; vor der Sommeroffensive 1942 verlegte er sein Hauptquartier von Rastenburg in Ostpreußen nach Winniza in die Ukraine. Hier verteidigte er gegen den Rat seiner Generäle seinen Entschluß, in den Kaukasus vorzustoßen und Stalingrad einzunehmen. Er bestritt selbst Informationen des Nachrichtendienstes und weigerte sich zu glauben, daß die Russen monatlich zwölfhundert Panzer produzierten; er bezeichnete diese Behauptung als ›idiotisches Geschwätz‹. Hitler zog sich immer mehr zurück und isolierte sich im Führerhauptquartier. Er begann, seine Mahlzeiten allein einzunehmen, lediglich in Begleitung seines deutschen Schäferhundes; die täglichen Konferenzen mit seinen Generälen endeten immer häufiger mit Streit; sie wurden wortwörtlich protokolliert. Manchmal verließ Hitler das Blockhaus, in dem er lebte, während der Nacht und ging auf versteckten Wegen spazieren. Hitlers Hauptquartier war eine Mischung aus Kloster und Konzentrationslager. Ein Besucher notierte sich ›Geruch von Küchen, Uniformen, schweren Stiefeln.‹.

Von Winniza aus verfolgten Hitler und seine Generäle die Katastrophe von Stalingrad. Die Deutschen kannten Stalins Tagesparole, die einfach lautete, kein Stück russischer Erde dürfe dem Feind preisgegeben werden, daher wurde die Eroberung Stalingrads für Hitler zur Prestigeangelegenheit, die Stadt zu einer Art Allerheiligstes des Kommunismus. Schon am 24. August 1942 hatte das Oberkommando der Wehrmacht die Presse dringend darum gebeten,

›Von nun an folgt die Armee meiner persönlichen Intuition!‹, David Low, EVENING STANDARD, 23. Dezember 1941

Hitler übernahm das Oberkommando persönlich. Low benutzt Hitlers vielgelobte, zu der Zeit jedoch schon etwas in Mißkredit gebrachte Gabe der Intuition, um zu zeigen, welch katastrophale Wirkung Hitlers persönliche Führung auf seine Generäle und militärische Ratgeber haben wird.

"IN FUTURE THE ARMY WILL BE GUIDED BY MY INTUITIONS"

›Den Führer als Held darstellen‹, Kukriniksy

Kukriniksy zeigt Goebbels' Versuche, den Mythus von Hitlers Unbesiegbarkeit lebendig zu halten, eine Aufgabe, die nach 1943 zunehmend schwieriger wird.

nichts über den frühen Fall von Stalingrad zu schreiben, sondern sich lediglich mit der Eröffnung der Schlacht zu befassen. Am 17. September wurden die Zeitungen informiert, daß die Schlacht sich ihrem siegreichen Ende nähere. Die Schlacht tobte noch weitere vier Monate; Ende Januar 1943 war Paulus' sechste Armee zermürbt und demoralisiert, und am 2. Februar mußte sie vor den Russen kapitulieren.

In Moskau feierte Kukriniksy – ein Name, der sich aus den Anfangssilben dreier graphischer Künstler, Mikhail Kuprianov, Porfiri Krylor und Nikolai Sokolov zusammensetzte – den Sieg in Stalingrad mit der Zeichnung ›Es steht ein Fels in der Wolga‹. In Amerika feierte Fitzpatrick die Niederlage von Hitlers Armeen mit einem ausdrucksstarken Cartoon, der an die frühen Arbeiten von Paul Weber erinnert.

›Stalingrad‹, Kukriniksy, 1943 (unten) und ›Tor nach Stalingrad‹, David Fitzpatrick, ST. LOUIS POST-DISPATCH, 25. November 1942 (oben)

Kukriniksy benutzt die Worte »Es steht ein Fels in der Wolga«, um den russischen Widerstand gegen den Angriff auf Stalingrad zu beschreiben. Trotz gesicherter Erkenntnisse über die militärische Stärke des Feindes und gegen den Rat seiner Generäle weigerte sich Hitler, der sich immer mehr von der Wirklichkeit entfernte, zu kapitulieren. Fitzpatricks Zeichnung erinnert an die stärksten Arbeiten von Weber und faßt die Katastrophe in einem Bild zusammen.

Hitlers Ansehen in der Öffentlichkeit sank, zugleich zerfiel seine Persönlichkeit zusehends. Sein früheres politisches Charisma verblaßte, und seine Anziehungskraft ebbte mit den Niederlagen ab. Seine rednerischen Fähigkeiten ließen nach, da es keine herausragenden, scheinbar mühelosen Siege mehr gab. Seine Auftritte im Sportpalast am 30. September 1942 und in München im Hofbräukeller am 8. November machten deutlich, daß der Zauber des Führers gebrochen war. Von Ende 1942 an tat Goebbels sein Möglichstes, um die Lücke, die Hitler offengelassen hatte, zu schließen. Er bediente sich Churchills Methoden, versprach den Deutschen nichts, aber verlangte, daß sie sich noch mehr anstrengten. Dieses Thema fand in vielen Cartoons der alliierten Presse seinen Niederschlag. Dennoch blieb Goebbels seiner Schöpfung, dem Hitlermythus, treu. Gewisse Veränderungen waren allerdings unabdingbar. Zum letzten Mal wurde Hitler den Deutschen als groß, aber sehr einsam präsentiert. Er arbeite noch immer genauso hart wie früher (ein wesentlicher Bestandteil des Mythus), obwohl die langen Arbeitstage und die endlosen schlaflosen Nächte unauslöschliche Spuren auf seinem Gesicht hinterlassen hatten. Im April 1943 war er vierundfünfzig Jahre alt geworden. Die Schwierigkeit, den Hitlermythus am Leben zu behalten, hielt Kukriniksy zeichnerisch fest.

Obwohl die westlichen Alliierten – Amerika und Großbritannien – und die Sowjetunion sich 1942 und 1943 näherkamen, überwanden die Russen nie ganz ihr Mißtrauen, das seinen Grund in den Ereignissen vor dem Krieg hatte, als die westlichen Demokratien sich retten wollten, indem sie Hitlers Ehrgeiz in Richtung Osten lenkten. Im Juni 1942 kamen Roosevelt und Molotow zu dem Ergebnis, daß im Westen eine zweite Front nötig sei, Churchill jedoch wollte lieber eine zweite Front im Süden Europas eröffnen, den ›Stoß in den weichen Unterleib‹. David Low kommentierte dieses Problem in seiner Zeichnung ›Gibt's was Neues von der Zweiten Front?‹ und über ein Jahr später in ›Typisch, Winston‹.

Zwischen Oktober 1942 und Mai 1943 warfen die alliierten Truppen die Deutschen und Italiener aus Nordafrika heraus und drangen dann nach Sizilien und Italien ein. Am 3. September 1943 unterzeichneten die Italiener einen Waffenstillstandsvertrag. Die hoffnungslose Lage der Naziführer wurde in Vickys Zeichnung im NEWS CHRONICLE dargestellt.

WHAT NEWS FROM THE SECOND FRONT?

›Gibt's was Neues von der Zweiten Front?‹, David Low, EVENING STANDARD, 14. Juli 1942 (oben) und ›Typisch Winston‹, David Low, EVENING STANDARD, 27. September 1943 (rechte Seite)

Low zeigt Soldaten der UdSSR, die verzweifelt darauf warten, daß im Westen von den Alliierten eine zweite Front eingerichtet wird, zumal die hartbedrängten russischen Truppen mit einem neuen Angriff der Nazis rechnen. Churchill behauptete, er warte nur auf den richtigen Moment. Im September 1943 gab er seine Zustimmung zur baldmöglichsten Einrichtung einer zweiten Front, im selben Monat gelang es den Alliierten, in Italien Fuß zu fassen; die Zweite Front wurde schließlich im Juni 1944 durch die Invasion in der Normandie eingerichtet.

Nach der Niederlage von Stalingrad und seinen Differenzen mit den Generälen zog sich Hitler immer mehr zurück. Goebbels fand es schlimm, daß Hitler zum Grübeln neigte und keinen Sport trieb. Die Atmosphäre im Hauptquartier im Osten war äußerst niederdrückend. Wenn Hitler in Gesellschaft war, die nun hauptsächlich aus seinen Sekretärinnen, Ärzten und Adjutanten bestand, hielt er noch längere Monologe als früher, und diese waren noch unbeherrschter und noch weniger auf sein Publikum bezogen als zuvor. Hitler kehrte gewissermaßen zu den Gewohnheiten seiner Jugend zurück; er isolierte sich, war geistig nicht stabil und entfernte sich immer mehr von der Wirklichkeit. Als sich die Streitkräfte fast der ganzen Welt gegen ihn wandten, zog er sich in die Rolle eines kleinen Ortsvorsitzenden zurück. Er war unsicher, mißtrauisch und seine überspannten Nerven entluden sich in heftigen Wutanfällen.

BASIC WINSTONESE

HOW MUCH FOR THIS LOT?

›Wieviel für diese Ladung?‹, David Low, EVENING STANDARD, 6. Juli 1942 (oben) und ›Ich habe das Schicksal der Juden – und der Deutschen – besiegelt‹, David Low, EVENING STANDARD, 14. Dezember 1942 (rechts oben)

Wieder einmal beweist Low ein sicheres Gespür für die Ereignisse im besetzten Europa. Dieser Cartoon spielt auf ein Treffen zwischen Ley und Laval in Paris an; dort wurde über die Anforderung von 150000 Franzosen verhandelt, die in deutschen Fabriken arbeiten sollten. Deutschland stellte dafür eine Reduktion der Besatzungskosten in Aussicht.

›Rund um die Uhr‹, George Whitelaw, DAILY HERALD (rechts unten)

Im Winter 1942/43 attackierten die Alliierten Deutschland rund um die Uhr.

"I'VE SETTLED THE FATE OF JEWS"—
"AND OF GERMANS"

Das Leiden der deutschen Zivilbevölkerung durch die strategische Bombardierung, die die Alliierten in der zweiten Hälfte des Krieges durchführten, nahm Hitler kaum wahr. Wiederum mußten Goebbels und andere für Hitler einstehen. Im Juli und August 1942 wurde Hamburg bei Tag und Nacht heftig bombardiert; Brandbomben verursachten die ersten Feuerstürme, und etwa 50000 Menschen fanden den Tod. Britische Bomber führten in vier Monaten im Winter 1942–1943 sechzehn Großangriffe gegen Berlin durch. Gegen Ende des Winters schlossen sich ihnen die Amerikaner, die Tagesangriffe bevorzugten, an. Im DAILY HERALD erschien eine Zeichnung von George Whitelaw, die die ›Rund-um-die-Uhr-Bombardierung‹ illustrierte, die Stärke der amerikanischen Luftwaffe wurde ebenfalls in einem Cartoon demonstriert. Obwohl die Zivilbevölkerung große Verluste hinnehmen mußte, brach das Flächenbombardement weder

DAVID LOW wurde 1891 in Dunedin, Neuseeland, geboren. Schon mit elf Jahren arbeitete er für eine Lokalzeitung, und im Alter von siebzehn wurde er, obwohl er nie eine entsprechende Ausbildung erhalten hatte, freischaffender Künstler. Mit seinen Cartoons erregte er zum ersten Mal öffentliches Interesse, als er für BULLETIN, eine in Sidney, Australien, erscheinende Zeitschrift, unverschämte, aber höchst erfolgreiche Cartoons von Billy Hughes, dem australischen Premierminister, der der Labourpartei angehörte, veröffentlichte. 1919 ging er nach London und arbeitete dort bis 1927 für den STAR, anschließend für Lord Beaverbrooks EVENING STANDARD. Seine besten Arbeiten erschienen in der Zeit vor und während des Zweiten Weltkrieges. In diesen großartig gezeichneten Cartoons konnte er seinen Abscheu vor Hitler und dem Naziregime ausdrücken; mit ihnen kommentierte er die Ereignisse in Europa erstaunlich klar und hellsichtig. Von 1953 an arbeitete er regelmäßig bis zu seinem Tod im Jahre 1963 für den GUARDIAN. 1962 wurde er zum Ritter geschlagen. Lows Autobiographie enthält mehrere kritische Kommentare über die Kunst der Karikatur.

The Beggar's Opera

›Die Bettleroper‹, Vicky

Dieser Cartoon wurde veröffentlicht, als die Niederlage Deutschlands nur noch eine Frage der Zeit war. Vicky zeigt Hitler als das Oberhaupt einer Bettlerfamilie und suggeriert, daß Hitler sich für seine Verbündeten verantwortlich fühlt. In Wirklichkeit kümmerte sich Hitler weder um das Leid seiner eigenen Bevölkerung noch um seine Verbündeten.

ihre Moral noch gelang es, die deutsche Rüstungsindustrie zu zerstören. Tatsächlich schaffte es die deutsche Verteidigung, den Alliierten hohe Verluste zuzufügen, sie verloren zehn Prozent ihrer Bomber; im ganzen Krieg mußte keine andere alliierte Waffengattung solche hohen Verluste hinnehmen.

Das Schicksal Hitlerdeutschlands wurde durch den Vormarsch der alliierten Armee besiegelt. Britische und amerikanische Truppen hatten im September 1943 in Italien eine Stellung auf dem europäischen Festland errichtet. Die zweite Front im Westen wurde schließlich am 6. Juni 1944 eröffnet, als die Invasion in der Normandie begann. Nach einem harten Feldzug auf der italienischen Halbinsel hatten die alliierten Truppen zwei Tage, bevor die Operation in der Normandie eröffnet wurde, Rom erreicht. Bis August 1944 waren die deutschen Truppen aus allen Ländern, die der Sowjetunion vor dem Krieg gehört hatten, vertrieben. Die deutsche Niederlage war nur noch eine Frage der Zeit. Am 28. April 1945 trafen sich die alliierten und die russischen Truppen an der Elbe. Bis dahin war das meiste von Berlin im Norden und von Wien im Südosten unter russischer Besatzung, und Hitler hatte bis zu seinem Selbstmord noch etwa zwei Tage zu leben.

Anfang Mai 1945 war vom Dritten Reich außer Trümmern nicht mehr viel übrig.

›Aushalten, Jungs! Wir kommen gewiß!‹, Hengest, Dezember 1941 (links)

Die USA traten offiziell im Dezember 1941 in den Krieg ein. Hengests patriotische Zeichnung weist auf die gewaltige Stärke der amerikanischen Luftwaffe hin.

›Das Kartenhaus‹, David Low, EVENING STANDARD, 25. August 1944 (rechts)

Wie Low zeigt, fiel Hitlers ›neue Ordnung‹ in sich zusammen, sobald ihm seine Satellitenstaaten, die er gebraucht und mißbraucht hatte, ihre Unterstützung entzogen.

Im Kampf gegen Hitler gebührt der Karikatur ein Ehrenplatz. In der ersten Phase hatten mehrere Regierungen der Weimarer Republik den Künstlern die Freiheit gegeben, Hitler und seine Bewegung anzugreifen und der Lächerlichkeit preiszugeben. Während dieser Zeit wurden Satire und Karikatur teils als Waffe gegen Hitler und die Nazis eingesetzt, teils als empfindliches Instrument politischer Analyse. Sie registrierten nicht nur den Fortschritt, den Hitler und seine Bewegung machten, sondern wiesen auch auf deren wahres Wesen hin. Die Karikatur lieferte einen zuverlässigen Kommentar oder zumindest eine Beschreibung von Hitlers politischer Laufbahn, sie warf ein zwar punktuelles, aber sehr helles Licht auf eines der dunkelsten Kapitel der europäischen Geschichte.

HOUSE OF CARDS

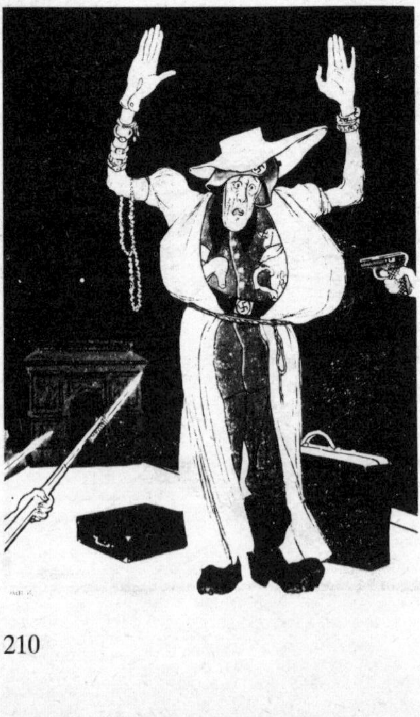

›Deutscher Herbst‹, Thomas Theodor Heine, 1944 (oben)

Heine zeichnete dieses bitter-elegische Bild der Zerstörung Deutschlands gegen Ende des Krieges, den er im Exil verbrachte.

›Abschied von Paris‹, Kukriniksy, 1944 (links)

Kukriniksy attackiert einen der weniger erfreulichen Aspekte des Rückzugs der Deutschen aus Paris. Ein als Französin verkleideter deutscher Soldat entpuppt sich als Plünderer.

›Zeugen der Anklage‹, David Fitzpatrick, ST. LOUIS POST-DISPATCH, 30. April 1945

Fitzpatrick stellt einem äußerst brutal aussehenden Nazi die Millionen der Kriegsgefallenen gegenüber, alles Opfer von Hitlers Eroberungswillen. Der Titel bezieht sich auf die Gerichtsverhandlungen, die den Nazis noch bevorstanden.

Anmerkungen

Einleitung

1. vgl. dazu den Essay über die Kunst der Karikatur von E. H. Gombrich und E. Kris, *Caricature,* London 1940
2. ibid., S. 11f. (eigene Übersetzung)
3. David Low, *Low's Autobiography*, London 1956, Los Angeles 1957 (eigene Übersetzung)
4. vgl. dazu Egon Larsen, *Wit as Weapon, The Political Joke in History*, London 1980, S. 40ff.
5. Joachim C. Fest, *Hitler. Eine Biographie*, Frankfurt 1973, S. 137

Hitler: Kindheit und Jugend

1. Joachim C. Fest, *Hitler*, S. 49
2. Joachim C. Fest, *Das Gesicht des Dritten Reiches*, München 1963, S. 30

Die Nazibewegung

1. Joachim C. Fest, *Hitler*, S. 214
2. George Grosz, Ade Witboi, Berlin 1965 (eigene Übersetzung)
3. Roland Marz (Hg.), *John Heartfield, Der Schnitt entlang der Zeit*, Dresden 1981, S. 29 (eigene Übersetzung)

Die Zerstörung der Weimarer Republik

1. Joachim C. Fest, *Hitler*, S. 387
2. ibid., S. 434
3. Oswald Spengler, zitiert nach *Der Deutsche in seiner Karikatur*, Stuttgart o. J., S. 94

Die Führer des neuen Deutschland

1. Joachim C. Fest, *Hitler*, S. 622
2. H. Heiber (Hg.), *Das Tagebuch von Joseph Goebbels 1925/26*, Stuttgart 1960, S. 60

Das Tausendjährige Reich

1. *Roter Aufbau*, Oktober 1930 (eigene Übersetzung)
2. Wilhelm Reich, *Die Massenpsychologie des Faschismus*, Köln 1971, S. 15

Krieg und Frieden

1. David Low, *Autobiography*, S. 97
2. Joachim C. Fest, *Hitler*, S. 664
3. Max Domarus, *Hitler: Reden und Proklamationen, 1932–1945*, Würzburg 1962–1963, S. 974
4. David Low, *Autobiography*, S. 249 (eigene Übersetzung)
5. ibid., S. 250 (eigene Übersetzung)

Krieg – ›Das letzte Ziel der Politik‹

1. David Low, *Jesters in Earnest*, London 1944, Vorwort
2. vgl. dazu Joachim C. Fest, *Hitler*, S. 831ff.
3. nach Robert Cecil (Hg.), *Hitler's War Machine*, London 1975, S. 112
4. Anmerkung in: Paul Kluge, ›Nationalsozialistische Europaideologie‹ in: *Vierteljahreshefte für Zeitgeschichte*, 3. Jahrgang, 1955, S. 259
5. Joachim C. Fest, *Hitler*, S. 897f.

Register

Kursiv gedruckte Zahlen verweisen auf Abbildungen und Bildlegenden